曜日別 パリ案内
PARIS

［トリコロル・パリ］荻野雅代｜桜井道子

DAYS

Préface

[はじめに]

モニュメントの観光や美術館の見学、ショッピング、レストランでの食事など、
行きたい場所、やりたいことが盛りだくさんなパリの旅。
短い滞在日数のあいだで、すべてを希望通りに楽しむためには、
「曜日」を軸にしてスケジュールを組むのがいちばん賢い方法です。

そんな考えのもと制作し、
ご好評をいただいた前々作『曜日別＆地区別 かんたんパリ歩き』と
前作『曜日別＆地区別 かんたんパリ歩き 近郊の街と日帰り旅行』から数年。
パリでは新しいスポットや見どころがどんどん生まれ、進化し続けています。
たとえば少し前まで、大半のお店が閉まっていて、
美術館や蚤の市に行くしかなかった日曜日も、今は３大デパートをはじめ、
営業する店舗が増えてきました。

パリジャン行きつけのおいしいレストランや注目のパティスリー、
若手クリエイターのブティックや人気セレクトショップなど、いちばん新しいパリを、
ふたたび曜日をベースにご紹介するこの本では、
「曜日別」のコンセプトをより徹底しました。
すべての掲載店に営業日がひと目でわかるアイコンを付けているのはもちろん、
巻末にはそれぞれの曜日に営業している店舗の一覧を掲載。
あなたが滞在する期間の曜日に当てはめれば、
旅のスケジュールづくりに大いに役立つこと間違いなしです。
もちろん、今すぐパリを旅する予定のない方にも、
「脳内パリ旅行」を楽しんでいただけることでしょう。

さあ、旅の始まりです！

SOMMAIRE
もくじ

- 002 はじめに
- 005 パリはこんな街
- 006 本書の使い方
- 008 旅のしたくと基本情報

013 **CHAPITRE.1**
曜日別パリ案内

- 014 月曜日
- 015 火曜日
- 016 水曜日
- 017 木曜日
- 018 金曜日
- 019 土曜日
- 020 日曜日

021 **CHAPITRE.2**
カテゴリー別パリ案内

022 見る
- 048 見るのマストアドレス24

052 食べる
- 053 レストラン／カフェ
- 072 お菓子／パン／グルメ
- 086 食べるのマストアドレス12
- 088 おみやげアイデア

090 買う

- 091 ファッション
- 108 雑貨・インテリア
- 124 買うのマストアドレス12

126 泊まる

[地 図]
- 132 オペラ〜レ・アール
- 134 マレ〜オベルカンフ〜
  バスティーユ〜サン・ルイ島
- 136 サンジェルマン・デプレ〜シテ島
- 138 モンマルトル
- 139 A／シャンゼリゼ
  B／エッフェル塔
- 140 A／レピュブリック〜サン・マルタン運河
  B／カルチエ・ラタン〜リヨン駅
- 141 A／ルイ・ヴィトン財団美術館
  B／クリニャンクールの蚤の市
  C／マルモッタン美術館
  D／アンドレ・シトロエン公園
  E／ヴァンヴの蚤の市
  F／ジャコメッティ美術館

[曜日別営業・定休日一覧]
- 142 月曜日
- 144 火曜日
- 146 水曜日
- 148 木曜日
- 150 金曜日
- 152 土曜日
- 154 日曜日

- 156 50音順INDEX
- 159 おわりに

本書に掲載したデータは、2019年9月時点のものです。店舗の情報、商品の価格等は変動することがありますので、ご了承ください。2019年9月時点で1€＝約120円です。

Paris et ses quartiers

パリはこんな街

**20の区に分かれるパリの街は、山手線の内側に入るくらいの小ささ。
メトロ1〜2駅なら歩いてまわるのがベストです。
セーヌ川をはさんで北側を右岸、南側を左岸と呼びます。**

Saint Germain des Prés
サンジェルマン・デプレ

グルメとモード、アートを堪能できるシックな空気に包まれた左岸を象徴する地区。文豪たちが通ったカフェも。

Opéra
オペラ

ルーヴル美術館やオペラ座、デパートがある地区。和食店や旅行会社などが並ぶ「日本人街」もあり心強い。

Marais - Bastille
マレ〜バスティーユ

貴族の邸宅や職人のアトリエと人気のショップが共存、新旧のパリが交差する今いちばんおしゃれな地区。

Montmartre
モンマルトル

丘の上にあるサクレ・クール寺院からの眺めは絶景。下町風情を残しつつも魅力的なショップやカフェが多い。

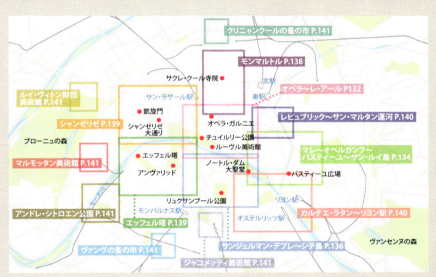

Champs Élysées
シャンゼリゼ

世界でいちばん美しいシャンゼリゼ大通りと凱旋門の姿は、何度見ても感動的。日曜&夜間営業の店が多い。

Tour Eiffel
エッフェル塔

必ず訪れたいエッフェル塔。グルメなお店の多いサン・ドミニック通りやクレール通りまで足を延ばしたい。

République - Canal Saint Martin
レピュブリック〜サン・マルタン運河

ゆったりと流れるサン・マルタン運河界隈は、近年おしゃれなショップやカフェが増えて注目のエリア。

Quartier Latin
カルチエ・ラタン

学生街で手頃なレストランやホテルも多い穴場。クリュニー中世美術館と自然史博物館、植物園は特におすすめ。

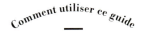

本書の使い方

本書は「曜日」に注目して暮らすように旅するためのパリガイドです。
1章でパリの曜日感覚をつかんだら、とっておきのアドレスを2章で見つけて、
効率的な旅のスケジュールを組みましょう。

[フランス語の曜日の読み方]

月曜日	Lundi (ランディ)		金曜日	Vendredi (ヴァンドルディ)
火曜日	Mardi (マルディ)		土曜日	Samedi (サムディ)
水曜日	Mercredi (メルクルディ)		日曜日	Dimanche (ディマンシュ)
木曜日	Jeudi (ジュディ)			

● 最初の3文字を取って略す場合もあります。(例：lun. mar.)
● 営業時間の読み方の例
ouvert : lun.-sam. 11h00-19h00（営業日：月〜土 11時〜19時）
fermé : dimanches et jours fériés（定休日：日・祝日）

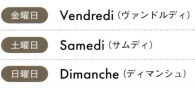

[お店紹介の見方]

1. 店名・観光スポット名とそのジャンル
2. 色つきの曜日は営業日、グレーの曜日は定休日です。
3. 番地
4. 通り名
5. 下2桁が区を示します。この場合はパリ9区
6. 最寄りのメトロの駅名
7. メトロの番線
8. 定休日と夏休み。ほかにも、1/1、5/1、12/25などの祝日や年末年始に閉店する場合があります。
9. 掲載店以外にも店舗がある場合は、住所と地図ページ数を記載しています。

[地図の見方]

A 一定の距離を普通に歩いた場合にかかるおおよその時間。地区の大きさを把握してより効率的な旅の計画を立てましょう。

B 街歩きの目印になる観光スポットや有名店、おみやげを買えるお店をグレーのアイコンで載せています。思いがけない出会いを楽しんで。

C 隣接する地区。歩いて観光する人は好きな地区を組み合わせてコース作りを。

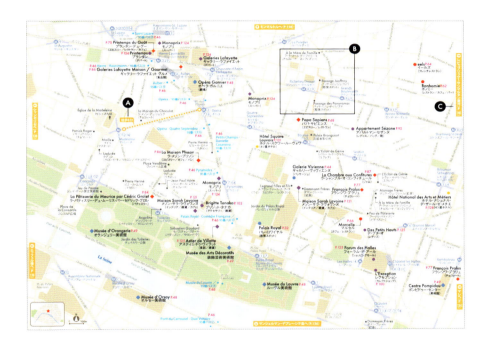

この本で紹介しているお店や観光スポットを、
地図上ではジャンルを表すアイコンとともに黒字で示しています。

- ● お散歩・公園　　◆ 美術館・モニュメント　　■ マルシェ・蚤の市
- ● レストラン・カフェ　　◆ お菓子・パン・グルメ
- ● ファッション　　◆ 雑貨・インテリア
- ● ホテル

暮らすようにパリを楽しもう！

Ⓜ⑪ メトロと番線　　🆁🅴🆁 パリと郊外を結ぶ鉄道

Conseils
avant votre voyage

[旅のしたくと基本情報]

もうすぐパリに旅立つみなさんへ、これだけ知っておけばパリの旅がぐんと楽しくなる基本情報と旅のコツをご紹介します。

1 所要時間と時差

日本からパリまでは、直行便で11〜12時間。日本との時差は8時間、サマータイム(3月の最終日曜日から10月の最終日曜日)は7時間です。フランスに到着したら時計の針を7または8時間戻しましょう。

2 空港からパリへ

シャルル・ド・ゴール空港からパリ市内へのアクセスは、以下の4つの方法があります。
[1.タクシー] 空港⇄パリ市内の料金は、右岸は50€、左岸は55€と一律で決まっています。目的地にもよりますが所要時間45〜60分、朝夕の混雑時はもっとかかる場合も。
[2. Roissybus (ロワッシーバス)] オペラ・ガルニエの停留所まで所要時間約60分、片道12€。
[3.Le Bus-Direct (ル ビュス ディレクト)] エールフランスのシャトルバス。全4本運行のうち、パリ方面は2番の凱旋門とエッフェル塔行き、4番のリヨン駅とモンパルナス行きの2本。2番は18€で所要時間約60〜70分、4番は17€で所要時間約50〜80分。
[4.郊外電車RER B線] 北駅(Gare du Nord)まで所要時間約40分、料金10.3€。RER B線は渋滞などの交通事情に左右されないのが利点ですが、多少治安が良くない地区を通ることもあり、早朝や夜間など人の少ない時間帯の利用は避けたほうがベター。空港-パリ間ノンストップの直通もあります。

3 パリの街を歩く

パリの街は日本の多くの都市に比べて驚くほど小さく、旅行者が訪れる地区となるとさらに範囲が限定されるので、天候と体力さえゆるせば、歩いて観光するのがいちばん。どんな小さな通りにも名前があり、道のはじめとおわりの建物の壁にその通りと区の番号を記したプレートが貼ってあります。お店や家の入口にもかならず番地が表示されているので、正しい住所さえわかれば初めての場所でもたどり着けます。

区(arrondissement)について

パリは中心から外側に向かって1〜20の区に分かれており、どの住所も「番地、通り名、区番号」の順に記されています。区の書き方は「75001、75002〜75020」(下2桁が番号)や、「1er、2e〜20e」などさまざま。また、本書の「オペラ」「シャンゼリゼ」といった地区分けとは異なり、ひとつの界隈が複数の区にまたがっている場合があります(例:サンジェルマン・デプレは6区と7区)。

4 通貨とレート

通貨はユーロ(€)。2019年9月現在、1€はおよそ120円です。クレジットカードは小額でも使えるお店が多く、緊急の際はVisaやMasterカードなら通りに面した壁に設置されているATMから現金を引き出すことができます。使用の際は4桁の暗証番号をお忘れなく。インターネットでホテルを予約した場合は、チェックインの際に必要になることもあるので、クレジットカードは1枚持っておくと便利です。

5 市内の移動

少し歩けばあちこちにメトロの駅が見つかるパリでは、Carnet（カルネ）と呼ばれる10枚綴りのチケットを買って徹底活用するのが賢い方法。バス、メトロ、モンマルトルの丘のケーブルカーに共通して使えます。有効期限がないので、残ったら次の旅行まで取っておけます。駅と駅の間隔が1〜2分のメトロは、待ち時間などを考えると歩いてしまった方が早いことも。ゴツゴツした石畳は歩きづらいので、履き慣れた靴を持ってくるのがベスト。バスはメトロに比べると路線が複雑なため、初心者にはメトロをおすすめします。切符の価格・種類はこちらのページを参考にしてください。

→ http://tricolorparis.com/visiter/info_pratique/paris-metro-tickets

6 チップと税金

レストランやカフェではサービス料込みの代金になっており、チップは義務ではありません。感謝の気持ちを伝えたいサービスを受けたときには、小銭を少し置いていくといいでしょう。ホテルの清掃やベッドメイキングへのチップも義務ではありません。
フランスでは、最高20%の付加価値税（TVA）がかかりますが、すべて内税で表示価格に含まれています。ひとつの店舗で175€以上買い物の際は、免税手続きをお願いしましょう。

7 気候と服装

日本と比べて、日中と朝晩の気温差が大きく、天気が変わりやすいのが特徴です。また、季節を問わず気温は日本より低いことが多く、夏でも長袖を1枚持っていると安心です。にわか雨対策として折り畳み傘や帽子、フード付きパーカーなど、夏は日差しが強いのでサングラスもお忘れなく。効率的な荷造りにトリコロル・パリの「パリのお天気と服装カレンダー」を参考にしてください。

→ http://tricolorparis.com/meteo

8 フランスのマナー

お店で、ホテルで、レストランで…「Bonjour（ボンジュー）（こんにちは）」、「Merci（メルスィ）（ありがとう）」、「Au revoir（オヴォワー）（さようなら）」、恥ずかしがらずにこの3つの言葉を使いこなせればきっと気持ちのいい旅が送れます。ドレスコードのある場所はセーヌ川のナイトクルーズなど限られており、たとえ星付きのレストランでも日本人の感覚で普通にきちんとした服装ならまったく問題ありません。一方、マスクや日傘、長手袋などはフランスで使用している人がほとんどいないため、とても目立ちます。どうしても必要なとき以外は避けるほうがベターでしょう。

9 お水

ホテルなどの水道水は飲んでも問題ありません。無料でお冷を出してくれる日本の飲食店と違い、レストランでお水を注文すると有料のミネラルウォーターが出されますが、"Une carafe d'eau, s'il vous plaît."（ユヌ カラフ ド スィルヴプレ）と言えば、水差しに入った水道水を無料で出してもらえます。

10 トイレ

公衆トイレなど、自由に使えるトイレは少ないのが実情。レストランや美術館、デパートなど、トイレのある場所に立ち寄ったときは、こまめに行っておくのがよいでしょう。

11 危険な目に遭わないために

観光客を狙ったスリには、常に注意が必要。混雑する場所や蚤の市、メトロ乗車中はもちろん、観光地でアンケートへの協力を募り、注意を逸らして荷物を盗むといったスリも横行しているので、知らない人に話しかけられても安易に応じないことが大切です。現金やクレジットカードだけでなく、スマホの盗難も頻発しているので、テーブルの上に出したままにしたり、ポケットに入れたりしていると狙われる可能性が高くなります。現金は小分けにして異なる場所に入れ、パスポートのコピー、ホテルの住所や重要な電話番号等はスマホを盗まれても対応できるようメモしておきましょう。また、街の中心部であっても、夜遅くに人通りのない道は通らないようにしましょう。実際のスリ体験談を事前に読んで、心の準備を。

→ http://tricolorparis.com/visiter/info_pratique/paris-pickpocket-experiences

12 カレンダー

Conseils avant votre voyage

JANVIER 1月

1℃／6℃（1℃／10℃）

- ●厚手コート／ダウン ●ロングブーツ ●手袋／マフラー／帽子 ●カイロ ●リップ ●ハンドクリーム

［1日：元旦］ほとんどの店や美術館が閉店。
［6日：公現祭］この時期はガレット・デ・ロワというケーキを食べ、切り分けたケーキの中に陶製のフェーヴを見つけた人がその日の王様になれる。
［1月中旬〜2月中旬（5週間）：冬のセール］

FÉVRIER 2月

1℃／7℃（2℃／12℃）

- ●厚手コート／ダウン ●ロングブーツ ●手袋／マフラー／帽子 ●カイロ ●リップ ●ハンドクリーム

［2日：シャンドラーの日］家庭でクレープを食べる。
［14日：バレンタインデー］男女関わらず愛する人に贈り物をする日。人気ショコラティエやパティシエがバレンタイン向けの商品を発売
［2月〜3月にかけての2週間：冬休み］子どもの休暇に合わせて閉店する店もあるので注意。
［2月下旬国際農業見本市］全国の特産物や名産品、家畜が一堂に会する一大イベント。

MARS 3月

4℃／12℃（4℃／13℃）

- ●ハーフコート／フード付きブルゾン ●ストール ●帽子／折りたたみ傘 ●リップ ●ハンドクリーム

［3月22日〜4月25日までのいずれかの日曜日：復活祭］子どもたちは家の中や庭に隠した卵やうさぎの形をしたチョコレートを探す。店頭には復活祭を祝うニワトリやうさぎの形をしたチョコレートが並ぶ。
［★復活祭翌日の月曜日：復活祭翌日］
［最終日曜日：サマータイム開始］時計を1時間進める。日本との時差7時間。

AVRIL 4月

6℃／16℃（10℃／19℃）

- ●ハーフコート／フード付きブルゾン ●ストール ●帽子／折りたたみ傘 ●リップ ●ハンドクリーム

［1日：エイプリルフール］『Poisson d'Avril（ポワッソン ダヴリル）＝4月の魚』と呼ばれ、子どもも大人もかわいいイタズラをしかけて楽しむ。
［4月〜5月にかけての2週間：春休み］子どもの休暇に合わせて閉店する店もあるので注意。

MAI 5月

10℃／20℃（16℃／25℃）

- ●ストール ●帽子／折りたたみ傘 ●日焼け止めクリーム ●サングラス

［1日：メーデー］街角にすずらん売りが並び、すずらんを贈り合う習慣が。ほとんどの店や美術館が閉店。
［8日：第2次大戦終戦記念日］
［★復活祭から数えて39日目：キリスト昇天祭］
［★復活祭から数えて50日目：聖霊降臨の祝日］
［第3土曜日：美術館の夜］美術館が深夜0時まで開館。
［最終日曜：母の日］聖霊降臨の日と同日なら6月第1日曜に移動。

JUIN 6月

13℃／23℃（18℃／26℃）

- ●ストール ●帽子／折りたたみ傘 ●日焼け止めクリーム ●サングラス

［21日：音楽の祭典］街中が音楽で包まれる。
［第3日曜日：父の日］
［6月末〜7月末（5週間）：夏のセール］

JUILLET
7月

15℃ / 25℃ (24℃ / 31℃)

● ストール ● 帽子／折りたたみ傘 ● 日焼け止めクリーム ● サングラス

[14日：パリ祭] シャンゼリゼ大通りの軍事パレード、エッフェル塔の花火は必見。
[7月上旬〜下旬：ツール・ド・フランス] フランス各地をめぐる世界的に有名な自転車レース。シャンゼリゼが最終ゴール。
[7月上旬〜9月上旬頃：パリ・プラージュ] セーヌ河岸が海岸に。
[7月上旬〜8月末：夏休み] お店は7月下旬〜8月いっぱいにかけて閉店するところが多い。

AOÛT
8月

14℃ / 24℃ (23℃ / 30℃)

● ストール ● 帽子／折りたたみ傘 ● 日焼け止めクリーム ● サングラス

[15日：聖母被昇天祭]
[7月末〜8月上旬：パリ月光シネマ] 野外で映画を無料で楽しめる。
[8月中：夏休み] お店は閉店するところが多い。特に8月中旬は、個人経営のお店のほとんどが閉店する。

SEPTEMBRE
9月

12℃ / 21℃ (19℃ / 26℃)

● ストール ● 帽子／折りたたみ傘 ● 日焼け止めクリーム ● サングラス

[第3土・日曜日：ヨーロッパ世界遺産の日] 普段一般公開されないエリゼ宮やパリ市庁舎などを見学できる貴重な週末。

Conseils avant votre voyage

OCTOBRE
10月

8℃ / 16℃ (14℃ / 20℃)

● ブルゾン ● ストール ● 帽子／折りたたみ傘 ● 日焼け止めクリーム ● リップ ● ハンドクリーム

[第1土・日曜日：ニュイ・ブランシュ（パリ白夜祭）] 土曜の夜から日曜の明け方にかけて、パリの美術館やモニュメントが夜通しオープンしている週末。
[10月下旬の5日間：サロン・デュ・ショコラ] 各国人気ショコラティエが集うチョコレートの祭典。パリの観光スポットが夜間オープン。
[最終日曜日：サマータイム終了] 時計を1時間戻す。日本との時差8時間。

NOVEMBRE
11月

5℃ / 10℃ (7℃ / 16℃)

● ハーフコート ● フード付きブルゾン ● ストール ● 帽子／折りたたみ傘 ● リップ ● ハンドクリーム

[1日：諸聖人の祝日]
[11日：第1次大戦休戦記念日]
[第3木曜日：ボジョレー・ヌーヴォー解禁日] その年に収穫されたぶどうの出来ばえを確かめる役割を担うボジョレーは、この時期ワイン屋さんやレストランでよく見かける。[11月下旬〜1月上旬：イルミネーション] パリの街角がイルミネーションで輝く。デパートは上旬に点灯。

DÉCEMBRE
12月

2℃ / 7℃ (2℃ / 11℃)

● ロングコート ● ダウン ● ロングブーツ ● 手袋／マフラー／帽子 ● カイロ ● リップ ● ハンドクリーム

[25日：クリスマス] 家族でゆっくりと過ごす。ほとんどの店や美術館が閉店。
[12月上旬〜下旬：クリスマス市]
[毎週日曜] 普段定休でも12月は日曜営業する店が多い。
[24日：クリスマスイブ] 家族でディナーしてクリスマスを祝う。営業する店がほとんどだが、閉店時間が早まる場合も。
[31日：大晦日] 友人や恋人とパーティー。大半の店は通常通り。

ピンクの文字＝祝日　★＝毎年日付が変わる移動祝祭日　( )＝東京の平均最低／最高気温

13 あると助かる！日本から持って行きたいもの

[プラグアダプター] スマートフォンの充電器など、日本から持ってきた電化製品を充電するのに必要。ただし、電化製品は240V対応でないと使用できないので注意。
[折り畳み傘・帽子・フード付きコート] せわしなく天気が変わるパリではにわか雨対策が必須。
[羽織もの・ストール] たとえ真夏でも朝晩の冷え込みや気温の高低差が激しいパリでは、簡単に着脱できる1枚は必携。
[スリッパ] 一般的なホテルには置いていないところがほとんど。
[歯みがきセット] アメニティにない場合が多いので持ってくると安心。
[リンス] 一般的なホテルや小さなスーパーでは置いてない場合が多いのでマイ・リンスを持参。
[ガムテープ] 荷造りやおみやげ梱包の補強などなにかと便利。
[密閉容器とジップ付きビニール袋] マカロンやバターなどの形が崩れやすい食べ物、チーズや石鹸などの香りの強いもの、液体などの梱包に。
[ポケットティッシュ＆ウェットティッシュ] フランスのティッシュは1枚が分厚く価格も高いので、日本から持ってくると何かと安心。ウェットティッシュは見つけにくいのでこちらもあると便利。

14 夏のバカンス

学校の夏休みは7〜8月の2カ月間ですが、多くのお店（特に個人商店やクリエイターショップ）やレストランが休むのは7月下旬〜8月下旬にかけて。美術館や観光スポット、デパート、有名ブランド、チェーン店は通常通り営業しています。

15 クリスマスと大晦日

普段は日曜に閉店しているお店でも、クリスマス商戦のために12月だけは日曜もオープンする場合があります。12月24日のクリスマスイブと12月31日の大晦日は、どのお店も通常通り営業していますが、早めに閉店する店が多いので要注意。12月25日と1月1日は祝日でほとんどのお店や美術館が閉まります。

16 祝日について

美術館が特別休館することが多いのは1月1日、5月1日、12月25日（まれに11月1日も）です。その他のお店はそれ以外の祝日も閉店しているところが多いので、必要なものは前日までに忘れず購入し、当日は公園や中を鑑賞する必要のない観光スポットなどをめぐりましょう。

→ http://tricolorparis.com/visiter/info_pratique/jours_feries

17 第1日曜日は美術館の無料サービスを活用

パリには、月の第1日曜日が無料デーとなる美術館が数多くあります。いつも以上に混雑はしますが、賢く利用したい嬉しいサービスです。美術館によって通年か期間限定かが異なります。

[通年]
オルセー美術館（P.48）
オランジュリー美術館（P.48）
ピカソ美術館（P.49）
ポンピドゥー・センター（P.49）
クリュニー中世美術館（P.50）
ギュスターヴ・モロー国立美術館（P.50）
建築・遺産博物館（P.50）

[10月〜3月]
ルーヴル美術館（P.48）
ロダン美術館（P.49）

[11月〜3月]
凱旋門（P.48）
サント・シャペル（P.49）
ノートルダム大聖堂の塔（P.49）

→ http://tricolorparis.com/visiter/info_pratique/musees-paris-grauit/

1
CHAPITRE

Paris par jour de la semaine

曜日別
パリ案内

旅の日程を組む前に、曜日の特徴を予習しましょう。多くの美術館が休館する曜日、マルシェや蚤の市を楽しめる曜日、デパートや美術館が夜間営業する曜日、混雑を避けてお買い物できる曜日など「パリの曜日感覚」をつかむのが大切。効率良く予定を立てて、パリでしたいことをすべて叶えましょう！

LUNDI [ランディ]

| 月曜日 | 定休日が多めの静かなパリを楽しむ |

お休みのお店が多め

レストランやパティスリー、クリエイターブティックなど個人経営のお店は月曜定休や、午後のみオープンのお店が意外と多いので要注意です。

休館の美術館に注意

オルセー美術館をはじめ、ピカソ美術館、装飾芸術美術館など月曜休館の美術館は意外と多く、代わりに開館しているルーヴル美術館が混んでしまうことも。美術館めぐりは別の曜日にするのが良さそうです。

[おすすめエリア]
- オペラ P.132
- モンマルトル P.138
- レピュブリック P.140-A
- カルチエ・ラタン P.140-B

[夜間オープン]
ジャックマール・アンドレ美術館
（企画展開催時のみ 20:30 まで）
P.50

大型・有名店に行くべし

デパートや有名ブランド、大型チェーン店、ショッピングセンターなどは月曜日も通常通り営業するところがほとんどなので、ショッピングや食事に利用しましょう。

週のはじめはのんびりペースで

曜日別パリ案内

MARDI [マルディ]

火曜日　美術館めぐりよりもショッピングを優先

曜日別パリ案内

 01
人気美術館の定休日

ルーヴル美術館、オランジュリー美術館、ポンピドゥー・センターなどパリの4大美術館のうち3館が休館する火曜。残るオルセー美術館はいつも以上に混雑するかもしれません。

02
モニュメントや ショッピングをメインに

美術館の代わりに、凱旋門やエッフェル塔、教会などのモニュメントめぐりやショッピングをメインにするのがおすすめです。

 03
平日らしい曜日

パリジャンの1週間の生活において、最も平日らしい曜日のひとつ。お店の混雑も比較的少なめなので、人気店に行くならこの曜日です。

[おすすめエリア]

- マレ　P.134
- サンジェルマン・デプレ　P.136
- モンマルトル　P.138
- シャンゼリゼ　P.139-A
- エッフェル塔　P.139-B
- レピュブリック　P.140-A

[夜間オープン]　なし

015

MERCREDI [メルクルディ]

曜日別パリ案内

`水曜日` 開いているスポットが多くて便利な曜日

01
めぼしいスポットはすべてオープン

週の真ん中、水曜は多くの美術館、モニュメント、ブティック、レストランがオープンする便利な日です。

03
年2回のセールの初日

夏のセールは6月の第4水曜、冬のセールは1月の第2水曜からスタート。ちなみに映画の封切りも必ず水曜からです。

いろんな場所をアクティブにめぐろう

02
午後は学校がお休み

水曜の午後は学校がお休みなので、街を歩く子ども連れの家族がぐっと増えて、にぎやかになります。

[おすすめエリア]

- オペラ `P.132`
- マレ `P.134`
- サンジェルマン・デプレ `P.136`
- モンマルトル `P.138`
- シャンゼリゼ `P.139-A`
- エッフェル塔 `P.139-B`
- レピュブリック `P.140-A`
- カルチエ・ラタン `P.140-B`

[夜間オープン]

ルーヴル美術館（21:45まで）`P.48`

グラン・パレ美術館（22:00まで）
`P.50`

JEUDI [ジュディ]

木曜日 **デパート＆美術館の夜間オープンをフル活用**

01
夜間オープンが
いちばん多い曜日

オルセーやポンピドゥーなど夜間オープンの美術館が最も多い木曜日。デパートは通常より45分の延長ですが、特に日の長い夏は上手に活用したいサービス。

02
閉店・閉館が少なく
予定が組みやすい

日、月、火のように、定休日のお店や閉館する美術館がほとんどないため、優先度の高い予定をこの曜日に組むと安心。

03
バスティーユの朝市で
1日をスタート

ちょっと早起きしてバスティーユ市場（P.42）を訪ねたら、クレミュー通り（P.24）で写真を。お店が開く10時過ぎからバスティーユやマレを散策してみて。

［ おすすめエリア ］

● オペラ　P.132
● マレ　P.134
● バスティーユ　P.135
● サンジェルマン・デプレ　P.136
● エッフェル塔　P.139-B

［ 夜間オープン ］

マルモッタン美術館（21:00まで）
P.40

オルセー美術館（21:45まで）P.48

ポンピドゥー・センター
（企画展のみ23:00まで）P.49

装飾芸術美術館（21:00まで）
P.49

建築・遺産博物館（21:00まで）
P.50

プランタン（20:45まで）P.124

ボン・マルシェ（20:45まで）P.124

曜日別パリ案内

曜日別パリ案内

VENDREDI

[ヴァンドルディ]

金曜日 週末の解放感漂うにぎやかなパリを楽しむ

01
パリの夜を満喫する

翌日お休みの学生やビジネスマンは、金曜日の夜にこぞってバーやレストランに出かけます。いつもより遅くまで人通りがあるので、繁華街ならパリの夜の雰囲気を比較的安心して楽しめます。

02
ディナーの予約はマスト！

普段よりもレストランでディナーを楽しむ人が多いので、お目当てのレストランは早めに予約しましょう。

03
夜のルーヴルは必見

金曜日はルーヴル美術館の夜間延長オープンの日。館内はもちろん、ライトアップされたガラスのピラミッドは、昼間とはひと味違う幻想的な雰囲気です。

[おすすめエリア]

- オペラ　P.132
- マレ　P.134
- サンジェルマン・デプレ　P.136
- シャンゼリゼ　P.139-A

[夜間オープン]

イヴ・サンローラン美術館
（21:00まで）P.34

ラトリエ・デ・リュミエール
（22:00まで）P.36

ルーヴル美術館（21:45まで）P.48

思い出に残るディナーを

018

SAMEDI [サムディ]

`土曜日` どこもオープンしているけれど大混雑に注意

01
デパートでの買い物は避けるのがベター

平日、時間のないパリジャンたちが買い物に繰り出す土曜日は、どこも大混雑。特にデパートはいつも以上に混むので、土曜日を避けて平日に行くのが賢明。

02
混雑を避けて公園でくつろぐ

買い物を他の曜日にできる人は、混雑を避けて公園のベンチに座ってのんびりするのも素敵な土曜日の過ごし方。

03
レストランでランチ＆ディナーするなら要予約

どうしても行きたいレストランは、曜日に限らず予約しておくのがベターですが、特に土曜は満席で断られる可能性が高くなるので予約はマスト。また若手シェフのネオ・ビストロ系のお店は土日の週末お休みのところが案外多いので要注意。

[おすすめエリア]
- マレ `P.134`
- サンジェルマン・デプレ `P.136`
- エッフェル塔 `P.139-B`
- カルチエ・ラタン `P.140-B`

[夜間オープン]

ラトリエ・デ・リュミエール（22:00まで）`P.36`

曜日別パリ案内

DIMANCHE [ディマンシュ]

曜日別パリ案内

日曜日 蚤の市やマルシェをめぐってのんびり過ごす

01
蚤の市はぜひ日曜日に！

ヴァンヴ(P.51)は土・日、クリニャンクール(P.51)は土・日・月とオープンしていますが、最も多くの店が出てにぎやかなのが日曜日なので、早起きして朝いちばんに蚤の市を訪ねましょう。

03
営業しているお店の多い地区を歩く

一般的に日曜に閉店するお店がほとんどですが、<mark>マレ、シャンゼリゼ、サンジェルマン・デプレ、サン・ルイ島などオープンしているお店が多い地区</mark>もあります。また、日曜午前中のデパートは比較的空いているので狙い目。

[おすすめエリア]
- オペラ **P.132**
- マレ **P.134**
- バスティーユ **P.135**
- サンジェルマン・デプレ **P.136**
- レピュブリック **P.140-A**
- カルチエ・ラタン **P.140-B**

02
マルシェでお昼ご飯を調達

この本で紹介している3つのマルシェ(P.42)のほかにも、ほとんどのパリの市場が日曜日に立ちます。食べてみたい惣菜やパン、チーズ、果物をいろんな屋台で買って公園でピクニックするのも楽しいですね。

[夜間オープン] なし

毎月第1日曜日に入場料無料サービスを行っている美術館(P.12)は、いつも以上に混雑するため要注意です。

CHAPITRE 2

Paris selon vos envies

カテゴリー別 パリ案内

訪れるたびに新鮮な驚きと感動を与えてくれるパリ。新しい美術館や隠れ家的スポット、インスタ映えする小道、パリジェンヌが今夢中のショップやカフェ、注目シェフのレストランなど、パリ初心者さんにも常連さんにも、ありきたりではないパリの魅力を感じてもらえる、素敵なアドレスをご紹介。

CATÉGORIE
01

VOIR

見る

初めて訪れる人はもちろん、何度も来ている人にとっても、パリの街はワクワクがいっぱい詰まった宝箱。昔の面影を今に残す美しい風景や建物に心動かされたり、新しく誕生したスポットにうっとりしたり……。プラタナスの美しい大通りを、中世から変わらない静かな小道を、のんびり歩きまわりながら、自分だけのとっておきの宝物をひとつひとつ発見していきましょう。パリの旅はここから始まります。

公園

Square du Vert Galant

ヴェール・ガラン公園

| 月 | 火 | 水 | 木 | 金 | 土 | 日 |

セーヌ川に浮かぶ緑の公園

　パリを横断するように流れるセーヌ川は、この街の大きな魅力のひとつです。右岸と左岸を結ぶ橋の上から眺めるのも楽しいですが、パリジャンたちの秘密のくつろぎスポットがシテ島の最西端に隠れています。「Pont Neuf（ヌフ橋）」を渡り、アンリ4世の彫像の裏手にある階段を降りたところに、左右をセーヌ川に挟まれた「ヴェール・ガラン公園」があります。こぢんまりとした緑の空間は、歩き疲れた足を休めるのにぴったりの場所。河岸ギリギリまでアクセスでき、島の先端に腰かけると、まるでセーヌ川を走る船の舳先にいるような気分が味わえます。キラキラ光る水面を眺めながら、サンドイッチを頬張ればパリにいることを実感できます。

エッフェル塔が見えるヌフ橋からの眺め。

DATA　MAP → P.137

住　所 ｜ 15 Place du Pont Neuf 75001
メトロ ｜ Pont Neuf ⑦

散策スポット

Rue Crémieux
クレミュー通り

🔵 月 火 水 木 金 土 日

パリ No.1 インスタ映えスポット

　カラフルな一軒家が建ち並ぶ「クレミュー通り」は、数年前まで、散歩好きやカメラ好きが訪れる知る人ぞ知る静かな小道でしたが、SNSの普及とともに、インスタ映えする撮影場所として、今では世界各地の旅行者たちが連日押し寄せる人気の観光スポットとなりました。リヨン駅から歩いてすぐ、生活感漂う界隈に、突如としてロマンティックな小道が現れます。ピンク、イエロー、グリーンの壁に猫や鳥の絵が描かれた家々を背景に、パリ旅行の記念撮影をしましょう。あくまでも、一般の方々が暮らしているお宅ばかりですので、長時間の撮影や騒がしくするのは控えること。ムービー撮影禁止のパネルを掲げる家もあるので、指示に従いましょう。

遊び心を感じる壁画がいたるところに。

▶ DATA　MAP → P.140-B

住　所　│　rue Crémieux 75012
メトロ　│　Gare de Lyon ①⑭、Ledru Rollin ⑧

撮影は静かにね！

モンマルトルの丘を自己流に楽しむ

風車やぶどう畑が残り、のどかな空気を漂わせるモンマルトルは、お散歩にぴったりの場所。

とっておきの記念撮影スポット

散策スポット

Rue du Mont-Cenis

モン・スニ通りの階段

パリ名物の階段

　サクレ・クール寺院の横手、絵描きたちが集うテルトル広場から延びるモン・スニ通りは、ここからクリニャンクールの蚤の市まで延びる1.3kmもある長い通り。モンマルトルの丘は階段が多いことで知られていますが、中でも美しいアパルトマンに挟まれたモン・スニ通りの階段は、奥に見えるパリの風景と相まってフォトジェニックな魅力があります。

▶ DATA　MAP → P.138

住　所 ｜ rue du Mont-Cenis 75018

教会

Basilique du Sacré Coeur
サクレ・クール寺院

 月 火 水 木 金 土 日

パリを一望する寺院

　パリでいちばん高い場所に立つサクレ・クール寺院は、パリに来たら一度は訪ねたいスポット。青空にくっきりと浮かぶ真っ白な寺院はどのアングルから撮っても絵になります。ふもとのメリーゴーランドを入れ込んだショットもかわいくておすすめ。丘の上から一望できるパリの風景や、寺院向かって左手の道路がカーブしているあたりからはエッフェル塔を撮影できるスポットもあります。

DATA　MAP → P.138

住所	Parvis de la Basilique 75018
メトロ	Anvers ②、Abbesses ⑫
開館日	毎日 6:00-22:30 （ドームは5-9月が8:30-20:00、10-4月が9:00-17:00）
料金	聖堂内は無料、ドームは有料
URL	www.sacre-coeur-montmartre.com

散策スポット

The Sinking House
沈む家

月 火 水 木 金 土 日

この界隈の新名所

　インスタグラムで話題の「沈む家」をご存じでしょうか？ 今までは誰も気に留めない普通のアパルトマンでしたが、あるときから「#sinkinghouse」のタグとともに注目を集めるようになりました。サクレ・クール寺院向かって右手にある、柵に囲まれた芝生のスペースから見える建物がそれ。傾斜した芝生の面とカメラが平行になるように撮影すると、アパルトマンが沈没する船のように見えるから不思議。

DATA　MAP → P.138

住所	rue du Cardinal Dubois 75018

アトラクション

Ballon de Paris (Parc André Citroën)

アンドレ・シトロエン公園の気球

火 水 木 金 土 日

上空300mからパリの街を一望

　パリが一望できるスポットの中でも、アンドレ・シトロエン公園にある気球「バロン・ド・パリ」からの眺めは格別！ 直径22.5m、高さ35mの迫力ある巨大な気球は、定員30人の乗客を乗せて、地上150〜300mの高さまで上昇します。1999年に誕生したこの気球は、大気汚染の調査器が取り付けられた係留気球でパリの空気の質を調べるという役割を担う存在でもあります。ワイヤーで地面につながれており、上空で約10分間停留します。ゴンドラはドーナツ状になっていて、乗客みんなが誰にも遮られることなくパリの絶景を満喫できる仕組みに。天候によって運行しない場合もあるので、サイトに記される当日の状況を確認することをおすすめします。

大人だけでなく小さな子どもも一緒に楽しめる。

DATA | MAP → P.141-D

住所	Parc André-Citroën 75015
メトロ	Javel André Citroën ⑩、Balard ⑧、Lourmel ⑧
開館日	火-日 9:00-18:30 （時期によって19:00、20:00、21:00まで）
閉館日	月、1/1、5/1、12/25
料金	12歳以上 12€、3〜11歳以下 6€、2歳以下無料
URL	www.ballondeparis.com

美術館

Musée de Montmartre
モンマルトル美術館

月 火 水 木 金 土 日

モンマルトルの秘密の隠れ家

　旅行者でにぎわうサクレ・クール寺院やテルトル広場の喧騒が嘘のような、静かな石畳の坂道にたたずむこの美術館はかつて、ルノワールをはじめたくさんの芸術家のアトリエ兼住居でした。画家スザンヌ・ヴァラドンとその息子ユトリロはここに14年間の長きにわたって暮らし、最上階には彼女の部屋とアトリエも再現されています。ユトリロやロートレックの絵画やキャバレーのポスターなど、19世紀末から20世紀初頭にかけてのモンマルトルの芸術的な空気を感じられる作品を展示。裏手のぶどう畑を見下ろせる、かつてルノワールも描いた庭は今も当時のまま、素朴でのどかな面影を残しています。印象派画家たちが愛した風景を楽しんでください。

美しい庭を眺めながら併設のカフェでひと休み。

> DATA　MAP → P.138

住 所	12 rue Cortot 75018
電 話	01 49 25 89 39
メトロ	Lamarck Caulincourt ⑫
開館日	毎日 10:00-18:00
	(4-9月は19:00まで)
閉館日	無休
料 金	通常 9.5€、18〜25歳 7.5€、
	10〜17歳 5.5€、9歳以下無料
URL	www.museedemontmartre.fr

散策スポット

Palais Royal
パレ・ロワイヤル

月 火 水 木 金 土 日

王宮のオアシスでほっとひと息

　パリ随一の観光スポット「ルーヴル美術館」(P.48)のすぐそばに、「パレ・ロワイヤル」と呼ばれる17世紀に建てられた王宮があります。歴史を感じさせる石の円柱が立つ回廊に囲まれた庭は、豪華さはないけれど可憐で上品な雰囲気で、にぎやかなオペラ座界隈の隠れた憩いの場となっています。回廊沿いにはシックなブティックが並び、バッグや手袋の専門店、カフェ、ギャラリーなど、あてもなくウインドウを眺めながら歩くのも楽しいひと時。1986年にダニエル・ビュランが手がけた白黒ストライプの円柱のオブジェは、「パレ・ロワイヤル」を象徴する存在となり、今ではインスタグラムの人気スポットのひとつとして毎日多くの人たちが訪れます。

パリでしか味わえない優雅な憩いの時間を。

▶ DATA　MAP → P.133

住　所 ｜ 2 rue de Montpensier 75001
メトロ ｜ Palais Royal Musée du Louvre ⑦

ボクも大好きな場所だよ！

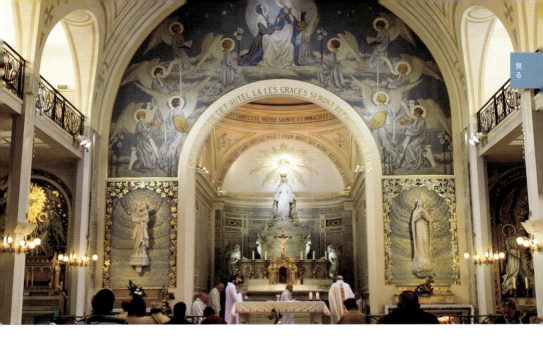

教会

La Chapelle Notre Dame de la Médaille Miraculeuse
奇跡のメダイの聖母の聖堂

月 火 水 木 金 土 日

一度は訪れたいパワースポット

「1830年のある夏の夜、聖堂にいた修道女カトリーヌの前にマリア様が現れ、心を込めてメダルを作るようにとお告げがあった。その後、修道女たちが2000個のメダルを作り広めると、パリで2万人以上の命を奪ったコレラは瞬く間に鎮まり、そのメダルは奇跡を起こすと崇められるようになった……」そんな逸話が言い伝えられている聖堂が、「ボン・マルシェ」デパートの食品館（P.86）のすぐ隣にあります。その入口は小さく、知っている人でなければそこに聖堂があることもわからないくらいですが、「奇跡のメダイ」を求めて、今も世界中からたくさんの人々が訪れる名所となっています。メダルの購入は、聖堂の隣の販売所でできます。

金、銀、ブルーなど色や価格もいろいろ。

DATA MAP → P.136

住　所	40 rue du Bac 75007
メトロ	Sèvres Babylone ⑩⑫
開館日	毎日 7:45-13:00/14:30-19:00 （火は昼休みなし）
URL	chapellenotredame delamedaillemiraculeuse.com

033

美術館

Musée Yves Saint Laurent Paris
イヴ・サンローラン美術館

🔥 火 水 木 金 土 日

歴史的デザイナーの全仕事を鑑賞

　マルソー大通り5番地にたたずむナポレオン3世様式の豪華な邸宅は、1974年から約30年にわたり、イヴ・サンローランが創作活動の拠点としてメゾンを構えた場所。2002年の引退後、モード界の財産である彼の全仕事を大切に保管するべく、大掛かりな改装を経て2017年に美術館としてオープンしました。メゾンの歴史を物語る芸術作品のような洋服やジュエリーを間近で鑑賞していると、デザイナーや職人たちの息づかいが聞こえてくるよう。膨大な量のスケッチ、ショーやインタビュー映像も興味深く、サンローランの才能を立体的に見せてくれます。彼の仕事部屋を緻密に再現した「Studio」とエントランス横のサロンの豪華さにも圧倒されます。

手描きスケッチやメモもとても興味深い。

DATA MAP → P.139-A

住　所	5 avenue Marceau 75116
電　話	01 44 31 64 00
メトロ	Alma Marceau ⑨
開館日	火-日 11:00-18:00（金は21:00まで）
閉館日	月、1/1、5/1、12/25
料　金	19歳以上 10€、10〜18歳 7€、9歳以下無料
URL	www.museeyslparis.com

© Luc Castel

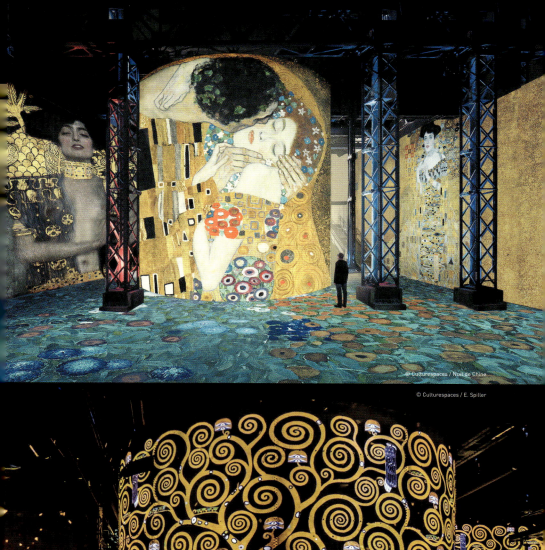
© Culturespaces / Nuit de Chine

© Culturespaces / E. Spiller

© Culturespaces / E. Spiller

美術館

L'Atelier des Lumières
ラトリエ・デ・リュミエール

[月][火][水][木][金][土][日]

光のアートに全身包まれる初体験

　2018年4月、新しいスタイルの美術館「ラトリエ・デ・リュミエール」が、庶民的なパリ11区に誕生しました。南仏の美術館「キャリエール・ドゥ・リュミエール」を手がけたブリュノ・モニエが、かつて鋳造で栄えた廃工場に新しい命を吹き込みました。高い壁に囲まれた1500㎡のスペースがキャンバス代わり。テーマに合わせて偉大な芸術家たちの作品群が音楽とともに、壁、床、天井とあらゆる面にプロジェクターで投影され、よく知るはずの名作も違った表情を見せてくれます。床に座ったり、歩きまわったり、壁の前に立ったりと、自由に芸術を体感する人々の姿が印象的。これから、どんな作家の作品たちが映し出されていくのか楽しみです。

こけら落としは幻想的なクリムト展。

DATA　MAP → P.135

住 所	38 rue Saint Maur 75011
電 話	01 80 98 46 00
メトロ	Rue Saint Maur ③、Saint Ambroise ⑨
開館日	毎日 10:00-18:00（金・土は22:00まで）
閉館日	無休
料 金	通常 14.5€、5〜25歳 9.5€、 65歳以上 13.5€、4歳以下無料
URL	www.atelier-lumieres.com （土日はオンライン予約必須）

037

美術館

Institut Giacometti

ジャコメッティ美術館

火 水 木 金 土 日

ジャコメッティのアトリエを訪問

　細長く引き伸ばした人物彫刻で知られる、スイス生まれの彫刻家アルベルト・ジャコメッティの美術館が2018年6月に開館しました。場所は、彼がアトリエを構えていたのと同じパリ14区の、20世紀初頭に建てられた美しい邸宅。床のモザイクや作り付けの棚やソファ、ステンドグラス、花のモチーフなど、アールデコのディテールが素晴らしい館内には、数多くの彫刻やデッサンなど貴重なコレクションが展示されています。中でも注目は、入口入って右手に精密に再現されたアトリエ。妻が大事に保管していたという石膏の作品や家具、彼が壁一面に描いた絵などを元通りの姿に蘇らせました。芸術家の情熱と苦悩を凝縮したような空間に圧倒されます。

天井の窓から明るい陽の光が差し込む。

DATA MAP → P.141-F

住 所	5 rue Victor Schoelcher 75014
電 話	01 44 54 52 44
メトロ	Denfert Rochereau ④⑥
開館日	火 14:00-18:00、水-日 10:00-18:00
閉館日	月
料 金	12歳以上 8.5€、11歳以下 3€
URL	http://www.fondation-giacometti.fr （オンライン予約必須）

余分なものを削ぎ落とした彫刻

美術館

Exposition à l'Hôtel de Ville
パリ市庁舎の特設展

月 火 水 木 金 土

パリ通に人気の無料展覧会

　世界的に有名な美術館を数多く抱えるパリは、それ以外にも、さまざまなジャンルの小さな美術館や興味深い展覧会が、1年を通じていたるところで催されています。中でもパリ市が運営する美術館は誰もが無料で鑑賞でき、「芸術の都」の呼び名にふさわしくアートを気軽に楽しめるのが魅力です。ルネサンス様式が美しいパリ市庁舎内で定期的に開催される展覧会も無料で入場できる場所のひとつ。ドワノーやブレッソンの写真展、ハリウッド映画が見たパリ、パリで作られているものを集めたメイド・イン・パリ展など、毎回おもしろい切り口でパリにまつわる企画展がなされ、テーマによっては長蛇の列ができるほどの人気ぶりです。

取材時は1968年パリ5月革命の写真展。

DATA MAP → P.134

住　所	5 rue de Lobau 75004
メトロ	Hôtel de Ville ①⑪
開館日	月-土 10:00-18:00
閉館日	日
料　金	無料

美術館

Musée Marmottan Monet

マルモッタン美術館

| 火 | 水 | 木 | 金 | 土 | 日 |

もうひとつの「睡蓮」がある場所

「マルモッタン美術館」はパリ16区の閑静な住宅街、ラ・ミュエット駅の西側に位置する公園を通り抜けたところにあります。狩猟用の別荘だった19世紀の一軒家で、のちにここで暮らしていた歴史家で美術品収集家ポール・マルモッタンの死後、彼のコレクションとともに邸宅が寄贈され、1934年に美術館として開館しました。豪奢な調度品で飾られた地上階と2階には、ルノワール、カイユボット、マネ、シスレーといった著名画家の作品が並びます。地下フロアは、印象派の巨匠モネの名作を愛でるために捧げられ、「印象、日の出」や「ルーアンの大聖堂」、そしてジヴェルニーの庭の睡蓮や太鼓橋を描いた作品も鑑賞でき、モネの世界にゆったりとひたれます。

豪華な邸宅での優雅な生活に思いを馳せる。

▶ DATA MAP → P.141-C

住 所	2 rue Louis-Boilly 75016
電 話	01 44 96 50 33
メトロ	La Muette ⑨
開館日	火-日 10:00-18:00（木は21:00まで）
閉館日	月、1/1、5/1、12/25
料 金	18歳以上 11€、17歳以下 7.5€、6歳以下無料
URL	www.marmottan.fr

VOIR
Marchés de Paris

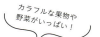

カラフルな果物や
野菜がいっぱい！

バラエティ豊かな
パリの朝市をめぐる

活気あふれるパリのマルシェで
普段着のパリを体感しよう。

マルシェ

Marché Bastille

バスティーユ市場

にぎやかマルシェ

　7月の円柱がそびえるバスティーユ広場から延びるリシャール・ルノワール大通りに100軒ほどの屋台が集う、パリの中でも大きな朝市のひとつ。朝早くからたくさんの買い物客でにぎわいます。果物や野菜、肉、魚、チーズ、パンはもちろん、フォアグラ、ワイン、はちみつ、スパイス、籐のかごバッグやレースのリネンなど、パリらしいおみやげに良さそうなお店もたくさん並びます。

DATA　MAP → P.135

住　所	Boulevard Richard Lenoir 75011
メトロ	Richard Lenoir ⑤
営業日	木 7:00-14:30、日 7:00-15:00
定休日	月-水、金、土

マルシェ

Marché Monge
モンジュ市場

 水 　金 　日

庶民派マルシェ

　パリ左岸の中でも庶民的な雰囲気が魅力の「モンジュ市場」は、中央の噴水が目印のモンジュ広場に週3回立ちます。孫を連れたマダムや近くの学校に通う学生などが立ち寄り、地元パリジャンたちの毎日の暮らしに欠かせない存在。おいしそうな生鮮食品のほか、カゴ屋さんや花屋さんも並びます。プラス・モンジュ駅を出てすぐ、こぢんまりとしているのでマルシェ初体験の人でも安心して楽しめます。

DATA MAP → P.140-B

住　所	Place Monge 75005
メ ト ロ	Place Monge ⑦
営業日	水・金 7:00-14:30、日 7:00-15:00
定休日	月、火、木、土

マルシェ

Marché couvert des Enfants Rouges
アンファン・ルージュ屋内市場

 火 水 木 金 土 日

グルメなマルシェ

　1615年に誕生したパリでいちばん古いマルシェ。この市場の魅力は、野菜や果物、肉や魚が買えるだけでなく、クレープ、イタリアン、レバノン、クスクス、そして和食までさまざまな屋台が軒を連ねているところ。地元っ子が愛する気取らない料理に出会えます。周辺はおしゃれなクリエイターショップやグルメなお店も多いので、北マレ散策の合間、ランチを手早く済ませたいときにおすすめ。

DATA MAP → P.134

住　所	39 rue de Bretagne 75003
メ ト ロ	Filles du Calvaire ⑧
営業日	火-日8:30-20:30（木は21:30、日は17:00まで）
定休日	月

043

パッサージュ

Galerie Vivienne
ギャルリー・ヴィヴィエンヌ

`月` `火` `水` `木` `金` `土` `日`

19世紀のパリにタイムスリップ

　プチ・シャン通りにあるエレガントな鉄の入口から、「ギャルリー・ヴィヴィエンヌ」に足を踏み入れてみましょう。1823年に建設された全長176mのパッサージュです。ガラス屋根から降り注ぐ自然光が照らす幾何学模様の床のモザイクや、壁の女神のレリーフ、ドーム型の天窓、螺旋階段など、美しい装飾が当時のまま残され、パリで最も美しいパッサージュと言われ、1974年には歴史的建造物として登録されました。多くの客でにぎわったという建設当時と同じく、現在も画廊や古書店、昔ながらの玩具店、インテリア雑貨、エピスリーなど魅力的な専門店が建ち並びます。美しく着飾った人々がそぞろ歩いた姿に思いを馳せつつ歩いてみましょう。

華麗な内装に負けない素敵なお店が並ぶ。

DATA MAP → P.133

住　所	Galerie Vivienne 75002
メトロ	Bourse ③
URL	www.galerie-vivienne.com

昔懐かしいおもちゃも見つかるよ

045

VOIR
Bus ligne 95

バスの旅は
開放感いっぱい！

95番バスの車窓から
パリを楽しむ

天気の良い日は
バスにポンと飛び乗ってみましょう。
メトロでは見られない
パリの表情を発見できますよ。

[月 火 水 木 金 土 日]

　パリ市内の移動手段で最も一般的なのはメトロですが、パリの街並みを眺めながら移動できるバスの良さも捨てがたいもの。ただ、バスは時間帯によっては渋滞に巻き込まれることがあるほか、種類や停留所も数え切れないほどあって、乗りこなすのはなかなか難しいかもしれません。
　そこで旅行者のみなさんにおすすめしたいバスの楽しみ方は、中心地を通るバス路線に絞って乗ってみること。有名スポットの姿が見えたら停車ボタンを押すぐらいの気楽な心構えで、「必ず○○で降りなければならない」というストレスを感じることなくバスの魅力を満喫できます。

　中でもぜひ試してほしいのが、95番のバス。スタート地点は、土日にヴァンヴの蚤の市が立つパリ南側。そこからモンパルナス駅、サンジェルマン・デプレ教会、セーヌ川まで一気に北上し、カルーゼル橋を渡ると、最大のハイライトである、ガラスのピラミッドがそびえるルーヴル美術館の中庭へ。その後はオペラ大通りからオペラ・ガルニエやデパートの近くを通り、まさにパリの中心部を縦断する路線です。気が向いたら途中下車して観光やショッピングを楽しむもよし、窓際の席に陣取って窓からの眺めを楽しむもよし、普通の路線バスなのに観光バスのように活用できますよ。

[95番おすすめ停留所]

セーヌ川

← Porte de Vanves 方面
ポルト・ドゥ・ヴァンヴ

Porte de Montmartre 方面
ポルト・ドゥ・モンマルトル →

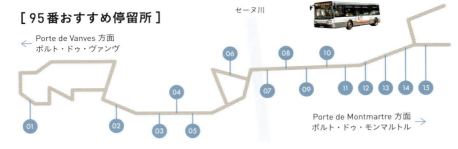

[バス停と近くの観光スポット]

01 Porte de Vanves
ポルト・ドゥ・ヴァンヴ
ヴァンヴの蚤の市
〈 MAP：P.141-E 〉

02 Gare Montparnasse
ギャール・モンパルナス
モンパルナス駅
モンパルナスタワー
〈 MAP：P.136 〉

03 Rennes - d'Assas
レンヌ・ダサス
リュクサンブール公園
〈 MAP：P.136 〉

04 Michel Debré
ミシェル・ドゥブレ
サン・シュルピス教会
ボン・マルシェ
〈 MAP：P.136 〉

05 Saint Germain des Prés
サン・ジェルマン・デ・プレ
サンジェルマン・
デプレ教会
〈 MAP：P.136 〉

06 Pont du Carrousel - Quai Voltaire
ポン・デュ・カルーゼル・ケ・ヴォルテール
セーヌ川 オルセー美術館
〈 MAP：P.136 〉

07 Musée du Louvre
ミュゼ・デュ・ルーヴル
ルーヴル美術館
チュイリリー公園
〈 MAP：P.132 〉

08 Palais Royal - Comédie Française
パレ・ロワイヤル・コメディ・フランセーズ
パレ・ロワイヤル
装飾芸術美術館
サントノレ通り
〈 MAP：P.132 〉

09 Pyramides
ピラミッド
日本人街
〈 MAP：P.132 〉

10 Petits Champs - Danielle Casanova
プチ・シャン・ダニエル・カザノヴァ
ヴァンドーム広場
日本人街
〈 MAP：P.132 〉

11 Opéra - Quatre Septembre
オペラ・キャトル・セプトンブル
オペラ・ガルニエ
ラ・ペ通り 日本人街
〈 MAP：P.132 〉

12 Opéra オペラ
オペラ・ガルニエ
〈 MAP：P.132 〉

13 Auber オベール
オペラ・ガルニエ
ギャラリー・ラファイエット
プランタン
ロワシーバス停留所
〈 MAP：P.132 〉

14 Havre - Haussmann
アーヴル・オスマン
プランタン
〈 MAP：P.132 〉

15 Gare Saint Lazare
ギャール・サン・ラザール
サン・ラザール駅
〈 MAP：P.132 〉

047

\\ パリで見逃せないスポット！//
見るのマストアドレス24
24 adresses incontournables à VOIR

[月][火][水][木][金][土][日]

エッフェル塔
Tour Eiffel
[観光スポット]

MAP｜P.139-B　㊤Champ de Mars, 5 av Anatole France 75007　㋺6月末～9月初 9:00-0:45、その他の期間 9:30-23:45（階段 -18:30）｜㊡7/14｜メトロ：Bir Hakeim ⑥

1889年に完成した「鉄の貴婦人」はまさしくパリのシンボル。展望台はネット予約がベター。

[月][火][水][木][金][土][日]

凱旋門
Arc de Triomphe
[観光スポット]

MAP｜P.139-A　㊤place Charles de Gaulle 75008　㋺4-9月 10:00-23:00、10-3月 10:00-22:30｜㊡1/1、5/1、5/8午前、7/14午前、11/11午前、12/25｜メトロ：Charles de Gaulle Etoile ①②⑥

ナポレオンの命で建設され1836年に完成したフランスの象徴。屋上からの眺めは格別。

[月][火][水][木][金][土][日]

オペラ・ガルニエ
Opéra Garnier
[劇場]

MAP｜P.132　㊤8 rue Scribe 75009　㋺毎日 10:00-16:30　㊡1/1、5/1（不定期に閉館するので公式サイトを確認）｜メトロ：Opéra ③⑦⑧

ガルニエ設計の華麗な歌劇場で、現在はバレエを中心に上演。シャガールの天井画は見逃せない。

[月][　][水][木][金][土][日]

ルーヴル美術館
Musée du Louvre
[美術館]

MAP｜P.133　㊤place du Carrousel 75001　㋺月、水 - 日 9:00-18:00（水、金 -21:45）㊡火、1/1、5/1、12/25｜メトロ：Palais Royal Musée du Louvre ①⑦　※2019年内に完全予約制になる予定

世界的に有名な芸術品を所蔵し、フランスを代表する美術館。

[　][火][水][木][金][土][日]

オルセー美術館
Musée d'Orsay
[美術館]

MAP｜P.136　㊤1 rue de la Légion d'Honneur 75007　㋺火 - 日 9:30-18:00（木 -21:45）㊡月、5/1、12/25｜メトロ：Solférino ⑫、Musée d'Orsay (RER C線)

かつて国鉄駅だった建物を再利用した美術館。モネやルノワールなど印象派絵画を数多く所蔵。

[月][　][水][木][金][土][日]

オランジュリー美術館
Musée d'Orangerie
[美術館]

MAP｜P.132　㊤Jardin des Tuileries 75001　㋺月、水 - 日 9:00-18:00　㊡火、5/1、7/14、12/25｜Concorde ①⑧⑫

チュイルリー公園内にある美術館。自然光のもとで鑑賞するモネの傑作「睡蓮」は息をのむ美しさ。

[火][水][木][金][土][日]
装飾芸術美術館
Musée des Arts Décoratifs
[美術館]

MAP|P.132　⊕ 107 rue de Rivoli 75001　㊡火 - 日 11:00-18:00（木 -21:00）㊡月、1/1、5/1、12/25｜メトロ：Palais Royal Musée du Louvre ①⑦

生活に密着した芸術品を展示。アールヌーボー家具やデザイナーズチェアのコレクションは圧巻。

[火][水][木][金][土][日]
ピカソ美術館
Musée Picasso
[美術館]

MAP|P.134　⊕ 5 rue de Thorigny 75003　㊡火 - 日 10:30-18:00（土、日9:30-）㊡月、1/1、5/1、12/25｜メトロ：Saint Sébastien Froissart ⑧、Saint Paul ①

ピカソの貴重な絵画、彫刻、デッサンなど5000点を所蔵。2014年にリニューアルオープン。

[火][水][木][金][土][日]
ロダン美術館
Musée Rodin
[美術館]

MAP|P.139-B　⊕ 77 rue de Varenne 75007　㊡火 - 日 10:00-17:45（土、日9:30-）㊡月、1/1、5/1、12/25｜メトロ：Varenne ⑬

近代彫刻の父・ロダンの代表作「考える人」や「地獄の門」と、四季の花を楽しめる庭園が人気。

[月][水][木][金][土][日]
ポンピドゥー・センター
Centre Pompidou
[美術館]

MAP|P.133　⊕ place Georges Pompidou 75004　㊡月、水 - 日 11:00-21:00（木 -23:00）㊡火、5/1｜メトロ：Rambuteau ⑪

現代芸術の総合施設。マティスからウォーホルまで20世紀の絵画を集めた国立近代美術館は必見。

[月][火][水][木][金][土][日]
ノートル・ダム大聖堂
Cathédrale Notre Dame de Paris
[大聖堂]

MAP|P.137　⊕ 6 Parvis Notre-Dame 75004　㊡毎日 7:45-18:45（土、日-19:15）㊡無休｜メトロ：Cité ④【閉鎖中】

中世からパリの変遷を見守り続ける美しい大聖堂。バラ窓などのステンドグラスや彫刻も必見。

[月][火][水][木][金][土][日]
サント・シャペル
Sainte Chapelle
[礼拝堂]

MAP|P.137　⊕ 8 bd du Palais 75001　㊡ 4-9月 9:00-19:00、10-3月 9:00-17:00　㊡1/1、5/1、12/25｜メトロ：Cité ④

繊細で荘厳なパリ最古のステンドグラスを持つゴシック建築の礼拝堂。天気の良い日を選んで。

見るのマストアドレス24 | 24 adresses incontournables à VOIR

クリュニー中世美術館
Musée de Cluny
[美術館]

MAP | P.137　　6 place Paul Painlevé 75005　月、水 - 日 9:15-17:45　火、1/1、5/1、12/25 | メトロ：Cluny la Sorbonne ⑩

タペストリーの傑作「貴婦人と一角獣」を眺めながら、中世のフランスへタイムスリップ。

グラン・パレ美術館
Galeries Nationales du Grand Palais
[美術館]

MAP | P.139-A　　3 av du Général Eisenhower 75008　月、水 - 日 10:00-20:00（水 -22:00）＊展覧会により異なる　火、7/14、12/25 | メトロ：Champs Elysées Clémenceau ①⑬

1900年万博で建設された鉄とガラスの屋根が美しい建物。常設展はなく上質な企画展が人気。

パリ市立美術館（プチ・パレ）
Musée des Beaux-Arts de la Ville de Paris
[美術館]

MAP | P.139-A　　av Winston Churchill 75008　火 - 日 10:00-18:00　月、1/1、5/1、7/14、12/25 | メトロ：Champs Elysées Clémenceau ①⑬

グラン・パレと同時期の建造物。モネやルノワールなど巨匠の作品を無料で鑑賞できるのが嬉しい。

ギュスターヴ・モロー国立美術館
Musée National Gustave Moreau
[美術館]

MAP | P.138　　14 rue de la Rochefoucauld 75009　月、水、木 10:00-12:45/14:00-17:15、金 - 日 10:00-17:15　火、1/1、5/1、12/25 | メトロ：Trinité d'Estienne d'Orves ⑫、Saint Georges ⑫

象徴主義画家モローの邸宅とアトリエを残した美術館。

ジャックマール・アンドレ美術館
Musée Jacquemart André
[美術館]

MAP | P.139-A　　158 bd Haussmann 75008　毎日 10:00-18:00（月 -20:30）無休 | メトロ：Saint Philippe du Roule ⑨、Miromesnil ⑨⑬

銀行家と画家の夫妻の邸宅に彼らが収集した18世紀の名作を展示。美しいサロン・ド・テも人気。

建築・遺産博物館
Cité de l'Architecture et du Patrimoine
[博物館]

MAP | P.139-B　　1 place du Trocadéro et du 11 novembre 75016　月、水 - 日 11:00-19:00（木 -21:00）　火、1/1、5/1、12/25 | メトロ：Trocadéro ⑥⑨

フランス各地の建築遺産を実物大模型で展示。ル・コルビュジエの集合住宅など近現代建築も。

月　火　水　木　金　土　日

ルイ・ヴィトン財団美術館
Fondation Louis Vuitton
［美術館］

MAP｜P.141-A　住 8 av du Mahatma Gandhi 75116　営 月、水、木 12:00-19:00、金 12:00-21:00、土、日 11:00-20:00　休 火、1/1、5/1、5/8、12/25｜メトロ：Charles de Gaulle Etoile ①②⑥

LVMHグループが2014年開館した現代アートの美術館。凱旋門そば発着のシャトルバスが便利。

月　火　水　木　金　土　日

ロマン派美術館
Musée de la Vie Romantique
［美術館］

MAP｜P.138　住 16 rue Chaptal 75009　営 火 - 日 10:00-18:00　休 月、5/1、12/25、12/31｜メトロ：Pigalle ②⑫、Blanche ②

ロマン主義の芸術家が集った当時の優雅な趣きを残す19世紀の館。庭のカフェも居心地が良い。

月　火　水　木　金　土　日

クリニャンクールの蚤の市
Marché aux Puces de Saint Ouen (Clignancourt)
［蚤の市］

MAP｜P.141-B　営 土 9:00-18:00、日 10:00-18:00、月 11:00-17:00（店舗により異なる）　休 火 - 金（8月前半は閉店している店も多い）｜メトロ：Porte de Clignancourt ④、Garibaldi ⑬

ありとあらゆる骨董品が並ぶパリ最大の蚤の市。

月　火　水　木　金　土　日

ヴァンヴの蚤の市
Marché aux Puces de Vanves
［蚤の市］

MAP｜P.141-E　営 土 - 日 7:00-14:00（ただし開いている店が多いのは8:00-13:00）　休 月 - 金｜メトロ：Porte de Vanves ⑬

適度な規模で、状態の良いものが見つかりやすく、周辺の治安も良いおすすめの蚤の市。

月　火　水　木　金　土　日

バトー・ムッシュ
Bateaux Mouches
［クルーズ］

MAP｜P.139-A　住 Port de la Conférence 75008（乗下船場）　営 4-9月 10:00-22:30の30分おき、10-3月 11:00-21:20（土日は10:15〜）の40分おき。所要時間約1時間10分。　休 無休｜メトロ：Alma Marceau ⑨

いつもと違う角度からパリを楽しめるセーヌ川クルーズ。

月　火　水　木　金　土　日

カノラマ・クルーズ
Croisière Canauxrama
［クルーズ］

MAP｜P.135　住 Port de l'Arsenal 75012（乗船場）。到着は Bassin de la Villette）　営 1日2回運行 9:45発／14:30発（30分前集合）　休 12/24、12/25、12/31、1/1｜メトロ：Bastille ①⑤⑧

映画『アメリ』に登場したサンマルタン運河を鉄橋や水門を抜けつつ遊覧。ネット予約がベター。

CATÉGORIE
02

MANGER

食べる

フランスが世界に誇る食文化は、幅広く、かつ奥深い世界です。ミシュランの星つきの高級店から、地元民が通う庶民的なビストロ、はたまた焼き立てのバゲット1本に至るまで、それぞれのおいしさと感動がそこにはあります。この本では、肩肘張らずに楽しめるカジュアルなお店を中心にセレクト。旅に欠かせないおみやげアイテムもピックアップしています。食を通して、「パリの今」を感じてください。

フレンチレストラン

Capitaine
キャピテーヌ

火 水 木 金 土

コスパ抜群のカジュアルフレンチ

　ヴォージュ広場にほど近い、静かな袋小路にたたずむ「キャピテーヌ」。「アルページュ」などパリを代表する3ツ星店で経験を積んだシェフのバティスト・デイが、自らが体験した至高のフレンチの世界をより多くの人に気軽に味わってもらいたいと2017年11月にオープンしたお店です。修業時代に親しく交流した日本の料理人たちからも影響を受けたというその料理は、オリエンタルなスパイスやハーブをうまく使いながら、旬の食材のおいしさをストレートに感じさせてくれます。昼のコースの前菜はいくつかの小皿をシェアするスタイルで、いろいろな味を楽しめるのが魅力。夜のアラカルトで3品注文しても40€を超えないリーズナブルさにも脱帽です。

星付きレベルのフレンチをカジュアルに。

DATA | MAP → P.134

住所	4 Impasse Guéménée 75004
電話	01 44 61 11 76
メトロ	Bastille ①⑤⑧
営業日	火 19:30-22:30、 水-土 12:00-14:00 / 19:30-22:30
定休日	日、月、8月2週間
予算	昼3品29€、前菜8€〜、メイン13€〜、デザート9€〜
カード	Visa, Master

食べる｜レストラン／カフェ

フレンチレストラン

Caillebotte
カイユボット

`月` `火` `水` `木` `金`

モンマルトルの絶品フレンチ

　ピガール駅の南側は、「South of Pigalle」を略した「SOPI(ソピ)」という愛称でここ数年にぎわいを増す注目スポット。セレクトショップやエピスリー、パン、パティスリー、カフェが並び、流行に敏感なパリジャンが多く訪れる界隈です。中でも評判の「カイユボット」は、SOPI地区に3軒の店を持つ人気シェフ、フランク・バランジェが腕を振るうフレンチレストラン。鏡張りの壁や革張りのベンチ席がいかにもパリらしい雰囲気で、昼も夜も要予約の大にぎわいです。市場で仕入れた新鮮な素材を使った週替わりメニューは、肉、魚を野菜とハーブの組み合わせで変化を付けた洗練された味わい。おいしいフレンチを肩肘張らずに楽しめるアドレスです。

店名は有名画家とチーズの名前に由来

旬のイチゴとシュー生地の絶品デザート。

▶ DATA　MAP → P.138

住　所	8 rue Hippolyte Lebas 75009
電　話	01 53 20 88 70
メトロ	Notre Dame de Lorette ⑫
営業日	月-金 12:30-14:00/19:30-22:00
定休日	土、日、8月3週間
予　算	昼日替り14€、昼2品19€、昼夜3品38€、夜5品49€
カード	Visa, Master, Amex

オーガニックカフェ／レストラン

Judy
ジュディ

[月] [火] [水] [木] [金] [土] [日]

ヘルシー志向のパリジャン御用達

　白とイエローのストライプ柄のひさしがかわいい「ジュディ」は、リュクサンブール公園の近くに位置するカフェ・レストラン。晴れた日にはテラス席がいっぱいになり、並んでも味わいたいという人が行列を作るほどの人気店です。この店の魅力は、バイオダイナミック農法で作られたオーガニックの新鮮な野菜と果物を、グルテン＆ラクトースフリー、添加物や精製された砂糖を一切使わずにおいしく食べられること。自然療法医が考えたスープやサラダ、クラブサンドイッチ、ブッダボウルは、食材の風味をヘルシーに楽しめるとパリジェンヌたちに評判です。早く起きた朝は、朝食とコールドプレスジュースで素敵なパリの1日をスタートさせましょう。

テイクアウトして公園に行くのもおすすめ。

DATA | MAP → P.136

住所	18 rue de Fleurus 75006
電話	01 43 25 54 14
メトロ	Saint Placide ④
営業日	月-金 8:00-18:30、土・日 9:00-19:00
定休日	無休
予算	昼12€〜、コールドプレスジュース7€、ケーキ4€〜
カード	Visa, Master, Amex
URL	www.judy-paris.com

フレンチレストラン

Korus
コリュス

水 木 金 土 日

フレンチタパスで早めのディナー

　北マレとバスティーユ地区の中間に位置する「コリュス」は、誰もが気軽に足を運べるおすすめのタパス＆フレンチ・レストラン。「旬のものをおいしいときに食べる」という至ってシンプルなコンセプトのもと、有名店で腕を磨いたシェフが手がける、素材そのものの良さと風味を存分に生かしたフレッシュな料理を楽しめます。入口近くの席は18時半からオープンしているタパスバーで、奥はレストランコーナー。気さくなオーナーとスタッフの人柄を慕う常連客がたくさん集い、和気あいあいとした雰囲気の中、パリの夜を満喫できます。水〜土曜に提供している20€のランチメニューや、夜のタパスも1皿4€〜と、お手頃価格も魅力のひとつです。

ワインと料理の絶妙なマリアージュを堪能。

DATA　MAP→P.135

住　所	73 rue Amelot 75011
電　話	01 55 28 53 31
メトロ	Saint Sébastien Froissart ⑧
営業日	水-土 12:00-14:00/18:30-2:00 （タパスバーは18:30〜）、日 18:30-2:00
定休日	月、火
予　算	タパス1品4€〜、前菜13€〜、 メイン26€〜、デザート9€〜、 7品コース65€
カード	Visa, Master
URL	www.restaurantkorus.com

食べる　レストラン／カフェ

057

フレンチレストラン

L'Aller Retour
ラレ・ルトゥール

月 火 水 木 金 土 日

定番のステーキ＆ポテトを堪能

　ここ数年日本ではステーキがブームですが、フランスでは「ステーキ＆フライドポテト」は昔からの定番メニュー。常連のパリジャンたちに混じって、おいしいお肉をリーズナブルに味わいたいなら「ラレ・ルトゥール」がおすすめです。エスカルゴや田舎風パテなどクラシックな前菜のあとは、溶岩石で焼いたステーキを100種類もあるというワインとともに堪能しましょう。花柄の壁紙や古本を並べた本棚、共同オーナー3人の先祖の肖像も飾られ、まるで友達のアパルトマンにいるような気分でくつろげます。ステーキ、カルパッチョ、鴨のマグレ、ソーセージから選べるメインに、付け合わせ2種、さらにグラスワイン1杯がつく昼のセットは驚きのコスパ。

北マレの静かな小道にたたずむお店。

▶ DATA　MAP → P.134

住所	5 rue Charles François Dupuis 75003
電話	01 42 78 01 21
メトロ	République ③⑤⑧⑨⑪、Temple ③
営業日	月-金 12:00-14:30/19:30-22:30、土-日 19:30-22:30
定休日	8月3週間
予算	平日昼セット 11.4€、前菜 6€〜、メイン 14€〜、デザート 7€〜
カード	Visa, Master
URL	www.laller-retour.com/accueil

059

フレンチレストラン

La Mangerie
ラ・マンジュリー

月 火 水 木 金 土

シェアして楽しいフレンチ居酒屋

ここ数年パリでは、ワインとともに洗練された小皿料理を出す「Bar à vin＝ワインバー」が増えていますが、2011年にマレ地区にオープンした「ラ・マンジュリー」は、シェアして楽しむ気軽なスタイルの先駆者的存在です。夜のみの営業で、18時を過ぎるとおいしい料理とお酒を求めるパリジャンが次々と訪れ、連日満席の人気ぶり。欲しいメニューに自分でチェックを書き込む注文方法で、友人とわいわい言いながら料理を決めるのも楽しい時間。イベリコ豚の生ハム、トリュフ入りゴーダチーズ、鶏肉のピーナッツ揚げ、タラのセヴィーチェ、仔羊肉の低温ローストなどワインやカクテルをさらにおいしく味わえるバラエティ豊かな料理がそろいます。

コージーでほっとできる雰囲気が魅力。

▶ DATA　MAP → P.134

住　所	7 rue de Jarente 75004
電　話	06 16 86 54 74（SMSで予約可）
メトロ	Saint Paul ①
営業日	月-土 18:00-01:00 （ラストオーダー23:00）
定休日	日
予　算	1品9€〜、ビール4.5€〜、カクテル11€〜
カード	Visa, Master, Amex
URL	www.la-mangerie.com

食べる レストラン／カフェ

レストラン／カフェ／バー

Bonhomie
ボノミー

🟥 月 火 水 木 金 土 日

コスモポリタンなパリ飯を楽しむ

　コーヒーショップ、レストラン、カクテルバーという3つの顔を持つ「ボノミー」。「気立ての良さ」を表す店名通り、コスモポリタンな顔ぶれのスタッフが温かく迎えてくれます。木のぬくもりと、スモーキーなグリーン、イエロー、ブルーをちりばめた落ち着きのある店内では、オープンキッチンから伝わるスタッフの活気にあふれ、見知らぬ客同士がバーカウンターや大きなテーブルで肩を並べ、リラックスした時を過ごしています。昼はリーズナブルなコース、夜はシェアしてつまめる品々で、地中海の太陽を感じさせる料理をおいしいワインとともに味わえます。朝はカフェ、夕方はタパス、そして自慢のカクテルまで、まさに丸1日楽しめるお店です。

朝から晩までいつでも使える便利さが嬉しい。

DATA　MAP → P.133

住　所	22 rue d'Enghien 75010
電　話	09 83 88 82 51
メトロ	Bonne Nouvelle ⑧⑨
営業日	毎日10:30-02:00 （ランチ12:30-14:30、タパス18:00〜、 ディナー19:30〜）
定休日	無休
予　算	昼2品18€、3品21€
カード	Visa, Master
URL	www.bonhomie.paris

063

フレンチレストラン

eels
イールズ

火 水 木 金 土

グルメが注目する若手シェフの店

ミシュラン1ツ星レストランのセカンド店「KGB」で6年間シェフを務めていたアドリアン・フェランが、パリ10区にオープンした話題のレストラン「イールズ」。かつて作ったウナギの前菜が大好評だったところから、英語で「ウナギ」を意味する店名が付けられました。奇をてらわない落ち着いた内装の店内は、窓から差し込む自然光が心地良く、ほっとくつろげる空間です。旬の食材を使うことを第一に考え、そこに酸味や辛味、スパイスなどで絶妙なコントラストを付けるシェフの料理は、最初と最後のひと口の印象が変わるような退屈させない味わいが魅力。もちろんこの店でも、洗練されたウナギの前菜が味わえるので、ぜひオーダーしてみて。

ひときわ目を引く渋い色合いのファサード。

DATA MAP → P.133

住 所	27 rue d'Hauteville 75010
電 話	01 42 28 80 20
メトロ	Bonne Nouvelle ⑧⑨
営業日	火-土 12:30-14:00/19:30-22:15
定休日	日、月、8月3週間、年末1週間
予 算	昼2品25€、3品29€、夜5品58€
カード	Visa, Master
URL	www.restaurant-eels.com

オーガニックカフェ

Otium
オティウム

月 火 水 木 金 土

旅の疲れを癒すコールドプレス

　カナダ人のケイトリンとフランス人のシャルルが、2012年にコールドプレスジュースのブランドとして立ち上げた「オティウム」。当時まだ珍しかったこともあり、ヘルシーなコールドプレスジュースの代名詞的存在となりました。それから5年後に、このカフェをオープン。かつてお花屋さんだったという50年代風のヴィンテージ感漂う店内は、どこか懐かしさを感じさせ、毎日通いたくなるくつろげる空間。メニューには、ジュースはもちろん、朝食ボウル、2種類のベジボウル、日替わりボウル、スープ、キャロットケーキ、チアシード＆グラノーラなど、疲れた胃と体を癒してくれるすべてオーガニックの食材を使ったベジタリアンフードが並びます。

フレンチ続きの胃袋にやさしいメニューを。

DATA MAP → P.138

住 所	56 rue de la Rochefoucauld 75009
電 話	01 72 38 86 81
メトロ	Saint Georges ⑫、Pigalle ②⑫
営業日	火-木 9:30-17:00、 金-土 9:30-17:00/19:00-23:00
定休日	日、月、8月3週間
カード	Visa, Master
予 算	コールドプレスジュース 5.5€、 ベジボウル 12€
URL	www.otiumcoldpress.com

食べる　レストラン／カフェ

カフェ／レストラン

Marcelle
マルセル

| 月 | 火 | 水 | 木 | 金 | 土 | 日 |

パリっ子が通うヘルシーカフェ

　ファッションとグルメのお店が軒を連ねるモンマルトル通りで、真っ白のファサードがひときわ爽やかな「マルセル」。子ども服「ボントン」の元オーナーが友人2人と立ち上げました。ぬくもりのある照明や無垢の大きなテーブル、そこかしこに飾られたグリーンが、こぢんまりと心地良い、3フロアの空間を演出しています。朝はグラノーラやブリオッシュ、昼は旬の食材を使ったフレッシュな料理やサラダ、そしてお茶の時間にはおいしそうな自家製のケーキたち……。シンプルで上質なものを1日中味わえます。ビーガン、グルテンフリー、ラクトースフリーにも対応。フレッシュジュースやスムージーなどドリンクも充実していて、テイクアウトもできます。

天気の良い日はテラス席でのんびり。

▶ **DATA** | MAP → P.133

住　所	22 rue Montmartre 75001
電　話	01 40 13 04 04
メトロ	Les Halles ④
営業日	月-金 9:00-18:00、 土-日 9:00-19:00（朝食 9:00-12:30、 ランチ 11:30-16:00）
定休日	無休
予　算	フレッシュジュース 6€、 サラダ 14€〜、メイン 16€〜
カード	Visa, Master
URL	www.restaurantmarcelle.fr

エピスリー／レストラン

Papa Sapiens
パパ・サピエンス

月 火 水 木 金

その場で味わえる厳選エピスリー

　2区、7区、17区とパリに3軒のお店を持つ「パパ・サピエンス」はグルメ御用達のエピスリー。ここで売られる食材を味わいたいという客の声に応えて、旧証券取引所の建つブルス広場すぐそばのこのお店には、レストランが併設されています。バター、サラミ、チーズ、塩、オリーブオイル、マスタード、ジャム、焼き菓子、そしてワインとビール……フランス各地の生産者から買い付けた選りすぐりの食材を、マルシェで仕入れた新鮮な肉や魚、野菜とともに、昼は日替わりランチメニュー、夕方以降はタパスとしておいしく味わえます。食べて気に入った食材をその場ですぐに買え、家で調理する際のアイデアももらえる、旅行者にとって便利なお店です。

ホテルで楽しむワインとおつまみを調達。

DATA　MAP → P.133

住　所	24 rue Feydeau 75002
電　話	01 40 26 16 82
メトロ	Bourse ③
営業日	月-金 11:00-0:00（ランチ 11:00-15:00、タパス 16:00〜）
定休日	土、日、7月下旬〜8月下旬
予　算	昼前菜7€〜・メイン14€〜、夜タパス4€〜
カード	Visa, Master, Amex
URL	www.papasapiens.fr
他店舗	7 rue Bayen 75017 Paris（P.139-A） 32 rue de Bourgogne 75007（P.139-B）

068

エピスリー／レストラン／カフェ

Printemps du Goût

プランタン・デュ・グー

月 火 水 木 金 土 日

グルメとエッフェル塔を独り占め

「プランタン」150年の歴史で初の本格的なフードフロアが2018年、メンズ館最上階の2フロアにオープン。100％メイド・イン・フランスの厳選されたグルメ商品が並ぶ7階中央のエピスリーはおみやげ探しに最適。それを囲むように、フランスのガストロノミーを象徴する「チョコレート」「トリュフ」「フォアグラ」などの専門店が並びます。8階「天空のマルシェ」では「魚」「肉」「パン」「チーズ」「パティスリー」といった売場に分かれ、食材を購入できるだけでなく、各分野の著名シェフたちがプロデュースしたガストロノミックなメニューを併設のレストランスペースで味わえます。暖かい季節にはパリを一望できるテラス席がおすすめです。

人気ブランジュリー「ゴントラン・シェリエ」のパン。

DATA　MAP → P.132

住 所	64 boulevard Haussmann 75009（プランタン メンズストア 7〜8階）
電 話	01 42 82 75 00
メトロ	Havre Caumartin ③⑨
営業日	月-土 9:35-20:00（木-20:45)、日 11:00-19:00
定休日	無休
カード	Visa, Master, Amex
URL	www.printemps.com/paris-haussmann

厳選されたワインやシャンパンも

パン

Chambelland
シャンベラン

 火 水 木 金 土 日

グルフリの概念が変わるパン

　グルメなパリジャンたちが、今パリでいちばんおいしいグルテンフリーのパン屋さん！と声をそろえる「シャンベラン」。ここで売られるパンとパティスリーはどれも小麦粉不使用のグルテンフリーで、しかもオーガニック。遠くから足を運ぶパリジャンも多く、店内やテラス席はいつもにぎやかです。主な原材料となる米粉とそば粉は、グルテンフリーを徹底すべく、お店が所有する製粉所ですべて製造しており、それ以外の食材も有機・天然の食材を使っています。特注の長方形型で焼いたパンはここでしか食べられない逸品。旬のフルーツを用いたケーキやタルトもとてもおいしく、「グルテンフリー＝味はイマイチ」というイメージをくつがえしてくれます。

米粉の抹茶シュークリームは驚きのおいしさ。

▶ DATA　MAP ▶ P.135

住 所	14 rue Ternaux 75011
電 話	01 43 55 07 30
メトロ	Parmentier ③、Oberkampf ⑤⑨
営業日	火〜土 8:00-20:00、日 8:00-18:00
定休日	月
カード	Visa, Master
URL	www.chambelland.com

コンフィチュールをおみやげに

チーズ

Beillevaire
ベイユヴェール

火 水 木 金 土 日

有名シェフお気に入りのバター

　1980年にフランス西部のマシュクールという小さな町で創業した「ベイユヴェール」は、パリをはじめフランス各地に約60店舗を持つ人気のフロマジュリー。ロゴとともに「Producteur＝生産者」「Fromager＝チーズ職人」「Crémier＝乳製品製造者」と書かれている通り、創業者のパスカル・ベイユヴェールは自らの酪農牧場を持つチーズ熟成士であることに誇りを持ち、発酵バターやヨーグルト、いくつかのチーズは自社で愛情をかけて作っています。格式あるレストランでも使われているバターは、ぜひ味わってほしい逸品。無塩、有塩のほか、魚料理に合う海藻入りもおすすめです。真空パックのサービスをぜひ利用して。

濃厚なカップ入りデザートもおすすめ。

▶ DATA　MAP → P.138

住所	48 rue des Martyrs 75009
電話	01 45 26 84 88
メトロ	Saint Georges ⑫
営業日	火-金 9:30-14:00/16:00-20:00、土 9:30-20:00、日 9:30-13:00
定休日	月
カード	Visa, Master
URL	www.fromagerie-beillevaire.com
他店舗	77 rue Saint Antoine 75004（P.134） 118 rue Mouffetard 75005（P.140-B）

073

パン／パティスリー

Utopie
ユトピー

ランチはおいしい
サンドイッチを

火 水 木 金 土 日

今パリで食べるべきバゲット

　料理学校で出会い意気投合したパティシエの2人、エルワンとセバスチャンが、それぞれの場所で修業した後、2014年に一緒に開いたお店。パティスリーだけでなくパンにも力を入れるのは、地元の人が毎日通える店にしたいという願いから。天然酵母と厳選した小麦粉を使い、すべて店内で手作り。「今時100％自家製で経営していくのは難しい」という周囲の声には耳を貸さず、まさに「理想郷＝Utopie」を目指して努力し、現実に変えてしまったのです。シンプルなおいしさの美しいパティスリー、フランス人が最もこだわるバゲット・トラディションの評判も高く、店の前には行列が絶えません。食用炭を使った真っ黒なバゲットや玄米茶パンも人気。

毎週末、新しいパンやケーキが登場。

> DATA　MAP → P.135

住　所	20 rue Jean Pierre Timbaud 75011
電　話	09 82 50 74 48
メトロ	Oberkampf ⑤⑨
営業日	火-日 7:00-20:00
定休日	月
カード	Visa, Master
URL	www.facebook.com/Boulangerie-Utopie-847556035308522

075

チョコレート

Bonnat
ボナ

火 水 木 金 土

超人気ショコラティエの旗艦店

　今から130年以上前、フレンチアルプスのふもとの町ヴォワロンに誕生したショコラトリー「ボナ」。父から子へ、何世代にもわたり極上のチョコレート作りの技術と伝統を大切に受け継いできました。ショコラ好きなら知らぬ人はいない「ボナ」を象徴する商品といえば、パッケージにヴォワロン大聖堂が描かれた板チョコ。今でこそ一般的になった単一産地のカカオ豆を使ったチョコレートを、世界に先駆けて生み出したのも「ボナ」でした。パリで初めてとなるこのお店では、ペルー、ブラジル、メキシコ、マダガスカル、エクアドル、ハイチといったさまざまな産地の板チョコはもちろん、元祖オランジェットをはじめ、上質なボンボン・ショコラも並びます。

全種類の板チョコがずらりとそろう。

DATA　MAP → P.139-A

住　所	189 rue du Faubourg Saint Honoré 75008
電　話	01 45 61 02 58
メトロ	Ternes ②
営業日	火-土 10:30-19:30
定休日	日、月、8月
カード	Visa, Master
URL	www.bonnat-chocolatier.jp

076

チョコレート

François Pralus
フランソワ・プラリュ

| 月 | 火 | 水 | 木 | 金 | 土 | 日 |

こだわりのチョコでひと休み

　厳選された産地の最高級カカオ豆選びからチョコレートを作るまでの全工程を自ら行う、フランスでも数少ないショコラティエ「フランソワ・プラリュ」。トリニダードやベネズエラ、ガーナ、コロンビアなど産地別の味比べを楽しめるアソート「南国のピラミッド」をはじめ、チョコレートのおいしさには定評がありますが、ヘーゼルナッツペースト、レンジでできるフォンデュ、ピンク色のプラリネをたっぷりと混ぜ込んだブリオッシュ「プラリュリーヌ」など、グルメなおみやげアイテムも豊富。最近ではカカオ豆ではなくコーヒー豆で作った「板チョコ」ならぬ「板コーヒー」を開発して話題になりました。

「南国のピラミッド」にはミニサイズも。

DATA　MAP→P.137

住　所	1 rue de l'Ancienne Comédie 75006
電　話	01 43 29 10 37
メトロ	Odéon ④⑩
営業日	月 10:00-13:00/14:00-19:30、 火-土 10:00-19:30、日 10:00-18:00
定休日	無休
カード	Visa, Master, Amex
URL	www.chocolats-pralus.com
他店舗	9 rue de Bachaumont 75002（P.133） 35 rue Rambuteau 75004（P.134） 44 rue Cler 75007（P.139-B）

パティスリー／サロン・ド・テ

Karamel
キャラメル

火 水 木 金 土 日

甘いキャラメルの香りに包まれる

　グルメなお店が立ち並ぶサン・ドミニク通りに2016年末誕生した「キャラメル」は、子どもから大人までみんな大好きなキャラメルに注目したパティスリー。エクレアやパリ・ブレスト、レモンタルトなど、一見クラシックな顔ぶれに、キャラメルが効果的に使われています。ただ甘いだけではなく、焦がした砂糖のビターな風味やカリカリした食感など、キャラメルの良さが最大限に引き出されているのです。サロン・ド・テでは、注文を受けてから作られるミルフィーユなど、ここでしか食べられないデザートも。キャンディはもちろん、キャラメルソースやチョコレート菓子など、パッケージまでかわいいおみやげアイデアもいっぱいです。

「ラデュレ」出身のシェフ、ニコラさんの店。

DATA MAP → P.139-B

住　所	67 rue Saint Dominique 75007
電　話	01 71 93 02 94
メトロ	La Tour Maubourg ⑧
営業日	火-土 9:30-20:00、日 9:30-19:00
定休日	月
予　算	パティスリー 5.2€〜
カード	Visa, Master, Amex
URL	www.karamelparis.com

アイスクリーム／サロン・ド・テ

Une Glace à Paris
ユヌ・グラス・ア・パリ

月 火 水 木 金 土 日

絶品アイス片手にマレを散策

　アイスクリームでM.O.F.（国家最優秀職人章）を獲得し、パティスリーの世界大会でも優勝を果たしたエマニュエル・リヨンと、「ピエール・エルメ」などで腕を磨いたパティシエ、オリヴィエ・メナールの2人が2015年オープンしたアイスクリームのお店。最高品質の牛乳、クリーム、卵を使って丁寧に作られるアイスクリームは一度食べたら忘れられない味わい。定番のバニラはバニラビーンズの産地にまでこだわり、ラベンダー、オリーブオイル＆レモン、ビーツ＆レモンなどオリジナリティあふれるフレーバーもたくさん。旬の素材にこだわり、季節に応じてフレーバーも変わります。サロン・ド・テではおいしいホットチョコレートも味わえます。

アイスケーキの美しさにもうっとり。

DATA MAP → P.134

住　所	15 rue Sainte Croix de la Bretonnerie 75004
電　話	01 49 96 98 33
メトロ	Hôtel de Ville ①⑪
営業日	ブティック 月-木 13:00-23:30、金 13:00-0:00、土 12:00-0:00、日 12:00-23:00
	サロン・ド・テ 月-金 13:00-18:30、土 12:00-18:30、日 12:00-18:00
定休日	無休
カード	Visa, Master
URL	www.uneglaceaparis.fr
他店舗	44 rue des Abbesses 75018（P.138）

パティスリー／サロン・ド・テ／コスメ

86Champs
キャトルヴァン・シス・シャン

月 火 水 木 金 土 日

シャンゼリゼに現れた異色コラボ

　フランスが世界に誇るパティシエ「ピエール・エルメ」と、南仏発のコスメブランド「ロクシタン」がコラボしたコンセプトストアがシャンゼリゼ86番地に誕生しました。厳選した素材にこだわり、伝統的な職人の技を大切にしながらも、クリエイティビティを忘れない……。そんな共通のポリシーが、この2つのブランドを結びつけたのです。天井中央に大きく美しく輝く照明のもと、明るく気品のあるスペースが広がります。コラボのパリ限定マカロンなど「ピエール・エルメ」のパティスリーと、プロヴァンスの風を感じる「ロクシタン」のコスメや香水が、同じ空間に並びます。ティータイムはもちろん、食事もできるシャンゼリゼの新名所です。

© Mathieu Salvaing

レトロとモダンが融合した美しい店内。

DATA　MAP → P.139-A

住　所 ｜ 86 avenue des Champs Elysées 75008
電　話 ｜ 01 70 38 77 38
メトロ ｜ George V ①
営業日 ｜ 日-木 8:30-23:30、金-土 8:30-0:30
定休日 ｜ 無休
カード ｜ Visa, Master
URL 　 ｜ www.86champs.com

食べる／お菓子／パン／グルメ

パティスリー／サロン・ド・テ

Yann Couvreur
ヤン・クヴルー

月 火 水 木 金 土 日

注目度No.1シェフの甘い誘惑

数々の星付きレストランでその才能を認められた新進気鋭のパティシエ、ヤン・クヴルー。2016年パリ10区に開店すると瞬く間に注目を集め、その翌年にはマレのロジエ通りに2号店をオープンしました。エクレアやサントノレ、パリ・ブレスト、レモンタルトなど、一見クラシックな顔ぶれながら、気品のある美しさや独特な味の組み合わせはこの店ならでは。クイニーアマンや渦巻型のルレなど、香ばしく焼きあがったヴィエノワズリーにも定評があります。サロン・ド・テでは注文後にスタッフがその場で用意するミルフィーユなどのデザートも味わえます。レストランのデザートのようなフレッシュさを堪能できるのは、ここでしかできない体験です。

キツネがトレードマークの注目店。

DATA MAP → P.134

住 所	23 bis rue des Rosiers 75004
電 話	なし
メトロ	Saint Paul ①
営業日	毎日 10:00-20:00
定休日	無休
カード	Visa, Master
URL	www.yanncouvreur.com
他店舗	137 avenue Parmentier 75010（P.140-A）

旬のフルーツがたっぷり

パティスリー

La Pâtisserie du Meurice par Cédric Grolet

ラ・パティスリー・デュ・ムーリス・パー・セドリック・グロレ

月 火 水 木 金 土 日

まるで宝石のようなパティスリー

　パラスホテルの称号を持つ超最高級ホテル「ル・ムーリス」にふさわしいスターパティシエ、セドリック・グロレは、著名なパティシエたちに師事したあと「フォション」で活躍し、2011年に「ル・ムーリス」に入社すると瞬く間にシェフ・パティシエに就任。その比類なき才能は世界から認められています。2018年3月、カスティリヨーヌ通りに待望のブティックがオープン。「ル・ムーリス」のレストランでしか味わえなかった彼のパティスリーをテイクアウトできるようになりました。宝石のような美しさのパティスリー（15€〜）はもちろん、焼きたてのマドレーヌやクッキーもうっとりするおいしさ。まさに聖地のように、いつも長い行列ができています。

「ル・ムーリス」らしい気品のあるお店。

▶ DATA　MAP → P.132

住　所	6 rue de Castiglione 75001
電　話	なし
メトロ	George V ①
営業日	火-日 12:00-売り切れ次第閉店
定休日	月
カード	Visa, Master, Amex

パティスリー
La Goutte d'Or
ラ・グット・ドール

火 水 木 金 土

パティシエ界の新星をチェック

　モンマルトルの丘にそびえるサクレ・クール寺院の裏手。観光客は少なく、地元パリジャンたちの生活感が感じられる住宅街にたたずむ「黄金のしずく」という名のパティスリー。パリの老舗「ストレール」などさまざまな店で腕を磨いたのち、テレビのコンテスト番組で決勝に進んで注目され、「クリストフ・ミシャラク」や「ラデュレ」でも活躍した新進気鋭のパティシエ、ヤン・メンギーのお店です。白を基調にミニマルにまとめた店内では、美しいパティスリーがいちばんの主役。柚子タルトやバニラタルトは、ひと口食べただけで彼の才能に納得できる繊細なおいしさです。コーヒーや紅茶とともにイートインできる小さなカウンターがあるのも嬉しい。

パンに塗るペーストや板チョコはおみやげに。

DATA MAP → P.138

住　所	183 rue Marcadet 75018
電　話	07 60 35 10 13
メトロ	Lamarck Caulaincourt ⑫
営業日	火-金 8:00-13:00/14:00-19:30、土 9:00-13:00/14:00-19:30
定休日	日、月
カード	Visa, Master
URL	www.facebook.com/patisserielagouttedor

食べるのマストアドレス12

\\ぜひ味わいたいグルメ！//

12 adresses incontournables pour MANGER

[月][火][水][木][金][土][日]

ラ・グランド・エピスリー・ドゥ・パリ

La Grande Épicerie de Paris

[食品館]

MAP|P.136 ㊤38 rue de Sèvres 75007 ㊖月 - 土 8:30-21:00、日 10:00-20:00 ㊡無休｜メトロ：Sèvres Babylone ⑫

ボン・マルシェ（P.124）の食品館。パンや惣菜、ケーキ、パリみやげなどグルメなものがずらり。

[月][火][水][木][金][土][日]

ギャラリー・ラファイエット メゾン／グルメ

Galeries Lafayette Maison / Gourmet

[食品館]

MAP|P.132 ㊤35 bd Haussmann 75009 ㊖月 - 土 8:30 〜 21:30、日 11:00 〜 19:00 ㊡無休｜メトロ：Chaussée d'Antin La Fayette ⑦⑨

グルメなパリみやげや、おいしい惣菜やワイン探しに欠かせない便利なグルメ館。日曜日もオープン。

[月][火][水][木][金][土][日]

ラ・メゾン・プリソン

La Maison Plisson

[エピスリー／カフェ／パン]

MAP|P.135 ㊤93 bd Beaumarchais 75003 ㊖月 9:30-21:00、火 - 土 8:30-21:00、日 9:30-20:00 ㊡無休｜メトロ：Saint Sébastien Froissart ⑧

厳選したハム、チーズ、ワイン、缶詰、菓子を集めたグルメなセレクトショップ。カフェも併設。

[月][火][水][木][金][土]

パトリック・ロジェ

Patrick Roger

[チョコレート]

MAP|P.136 ㊤2-4 place Saint Sulpice 75006 ㊖月 - 土 10:30-13:30 / 14:00-19:30 ㊡日｜メトロ：Saint Sulpice ④

プラリネの魔術師と呼ばれる独創的なショコラティエ。ドーム型の「クルール」はパリみやげに。

[火][水][木][金][土][日]

ジャック・ジュナン

Jacques Genin

[チョコレート／サロン・ド・テ]

MAP|P.134 ㊤133 rue de Turenne 75003 ㊖火 - 日 11:00-19:00（土は19:30）㊡月｜メトロ：Filles du Calvaire ⑧

口の中でとろけるキャラメル、銀缶入りショコラ、パリでしか味わえない絶品ミルフィーユをぜひ！

[水][木][金][土][日]

ベルティヨン

Berthillon

[アイスクリーム／サロン・ド・テ]

MAP|P.134 ㊤29-31 rue Saint Louis en l'île 75004 ㊖水 - 日 10:00-20:00 ㊡月、火、2月2週間、8月｜メトロ：Pont Marie ⑦

サン・ルイ島のパリで最も有名な老舗アイスクリーム屋さん。毎朝作る新鮮なアイスは至福の味。

[月][火][水][木][金][土][日]

ルモワン
Lemoine
[カヌレ]

MAP｜P.139-B　㊤ 74 rue Saint Dominique 75007　㊥ 毎日 9:00-11:30 / 12:00-20:00　㊡ 無休｜メトロ：La Tour Maubourg ⑧

18世紀創業の老舗カヌレ店。毎朝焼き上げる絶品カヌレは中はしっとり、外はカリッと香ばしい。

[月][火][水][木][金]

デュ・パン・エ・デ・ジデ
Du Pain et des Idées
[パン]

MAP｜P.140-A　㊤ 34 rue Yves Toudic 75010　㊥ 月 - 金 6:45-20:00 ㊡ 土、日、7月末〜8月末｜メトロ：Jacques Bonsergent ⑤

常ににぎわう人気のパン屋さん。石床式オーブンで焼いたパンやヴィエノワズリーを堪能して。

[火][水][木][金][土][日]

メール
Meert
[ワッフル]

MAP｜P.134　㊤ 16 rue Elzévir 75003　㊥ 火 - 金 10:30-13:30 / 14:00-19:30、　土 11:00-19:30、日 11:00-18:30　㊡ 月｜メトロ：Saint Paul ①

1761年創業の老舗。バニラクリームを柔らかな薄焼きワッフル生地で挟んだゴーフルが名物。

[火][水][木][金][土][日]

ジル・マルシャル
Gilles Marchal
[パティスリー]

MAP｜P.138　㊤ 9 rue Ravignan 75018　㊥ 火 - 日 8:00-20:00（日 -19:00）㊡ 月｜メトロ：Abbesses ⑫

有名店で活躍したカリスマパティシエが作る気品のあるケーキやマドレーヌは感動的なおいしさ。

[月][火][水][木][金][土][日]

ラ・シャンブル・オ・コンフィチュール
La Chambre aux Confitures
[ジャム]

MAP｜P.138　㊤ 9 rue des Martyrs 75009　㊥ 月 - 金 11:00-14:30 / 15:30-19:30、　土 10:00-19:30、日 10:00-14:30　㊡ 無休｜メトロ：Notre Dame de Lorette ⑫

旬の完熟フルーツと砂糖だけを使った手作りジャム専門店。素材の個性的な組み合わせも魅力。

[月][火][水][木][金][土]

ア・レトワール・ドール
A l'Étoile d'Or
[お菓子のセレクトショップ]

MAP｜P.138　㊤ 30 rue Pierre Fontaine 75009 Paris　㊥ 月 15:00-19:00、　火 - 土 10:00-19:00 ㊡ 日、7月中旬〜8月末｜メトロ：Blanche ②

名物マダムのドゥニーズさんが厳選するおいしいショコラと砂糖菓子が並ぶ宝箱のようなお店。

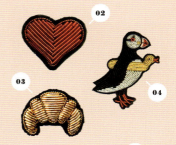

SOUVENIRS
— de —
PARIS

おみやげアイデア

帰国してからも楽しかった
パリ旅行の余韻にひたらせてくれる、
素敵なおみやげ探しの参考に。

01
カカオ豆の産地別チョコを食べ比べ。8.2€
(Bonnat P.76)

02
ハートの刺繍ブローチはマストアイテム。18€
(Macon&Lesquoy P.98)

03
パリみやげにぴったりのグルメなブローチ。18€
(Macon&Lesquoy P.98)

04
個性派ブローチでおしゃれ度アップ。40€
(Macon&Lesquoy P.98)

05
古代の美の秘密が蘇るボディミルク。40€
(Buly P.114)

06
ブルターニュ産の上質な塩の花。9.9€
(Printemps du Goût P.70)

07
センスの良いボックス入りキャラメル。5.5€
(Karamel P.78)

08
パリの地名にちなんだ香りのキャンドル。35€
(Kerzon P.116)

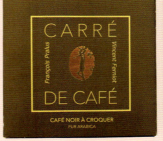

09
ひとつは欲しいかごショルダーバッグ。79€
(Pompon Bazar P.111)

10
素朴なアルザス菓子の詰め合わせ。7.3€
(Printemps du Goût P.70)

11
「Chocolat des Français」の板チョコ。5.5€
(Galeries Lafayette Maison / Gourmet P.86)

12
極小マッチ箱（1€）専用メタルケース。45€
(Brigitte Tanaka P.102)

13
未体験の味、板チョコならぬ板コーヒー。4.9€
(François Pralus P.77)

14
上品なメラミン製カップ＆ソーサー。20€
(Borgo delle Tovaglie P.108)

15
18世紀壁紙柄の封ろうシール付便せん兼封筒。
(Antoinette Poisson P.112)

16
ワインに合うイワシのテリーヌ。7.9€
(Printemps du Goût P.70)

CATÉGORIE
03

ACHETER

買う

日本にいながらにして手に入るフランスのブランドが多くなってきていますが、数カ月おきに新しいお店が誕生するパリのリアルタイムの流行を体感できるのは、この街を訪れた人だけ。憧れのブランドの本店で夢を叶えたり、偶然通りかかった小さなお店で思わず一目惚れしたり。たとえお買い物をしなくても、個性的なショーウインドウを眺めながら歩くだけで、パリ気分を存分に楽しめます。

レディス

Bourgine
ブルジーヌ

火 水 木 金 土

誰にも似ていない個性派ブランド

　サンジェルマン界隈の小道にたたずむ「ブルジーヌ」は、水色のファサードが印象的な小さなお店。20代で自分のショップをオープンしたキャロリーヌは、ビジネススクールを卒業後、本当にしたいことを叶えるべくスタジオ・ベルソーで学び直し、洋服作りの道に進みました。好きなアーティストや作家、年代をテーマに据え、アトリエで手作りする希少なコレクションに共通するのは、ノスタルジックなテイストを彼女の若い感性で新たな形で表現しているところ。リボンやセーラー襟がロマンティックなブラウス、ふんわりとしたタック入りショルダーのアウター、個性的なプリントのスカートなど、自分だけの着こなしで遊べるアイテムに出会えます。

店内はまるでパリジェンヌのアパルトマン。

▶ DATA　MAP → P.137

住所	8 rue de l'Échaudé 75006
電話	09 81 98 42 38
メトロ	Mabillon ⑩、Saint Germain des Prés ④
営業日	火-土 12:30-19:00
定休日	日、月、8月3週間
カード	Visa, Master
URL	www.bourgine.net

レディス／バッグ／靴

Appartement Sézane

アパルトマン・セザンヌ

火 水 木 金 土

パリジェンヌのリアルクローズ

　シンプル＆ベーシックなスタイルに今っぽさをプラスした、パリジェンヌお気に入りのブランド「セザンヌ」。2013年にスタートしたオンラインショップが口コミで大評判となり、その2年後にはファン待望の実店舗「アパルトマン」が誕生。週末には入口に行列ができるほどの人気を博しています。アンティーク風の家具がセンス良く配置された、天井の高い広々とした空間は、これまでオンラインでしか買えなかった洋服や靴のほか、「セザンヌ」がセレクトした小物もずらりとそろえたライフスタイルショップです。思わず真似したくなるインテリアのアイデアもたくさんで、まさにパリジェンヌのアパルトマンを訪れているような気分を味わえます。

パリみやげにぴったりの雑貨もたくさん。

DATA　MAP → P.133

住所	1 rue Saint Fiacre 75002
電話	なし
メトロ	Sentier ③、Grands Boulevards ⑧⑨
営業日	火-土 11:00-20:00
定休日	日、月、8月2週間
カード	Visa, Master
URL	www.sezane.com

093

バッグ
‎------

Polène
ポレーヌ

🗓 月 火 水 木 金 土 日

メイド・イン・パリの優秀バッグ

　2016年に誕生した「ポレーヌ」は、エルザ、マチュー、アントワーヌの3姉弟が手がける新しいバッグ・ブランド。曽祖父があの「セントジェームス」のデザイナーだったこともあり、上質な素材や伝統的な職人技に自然と触れる環境にあった3人は、長く使い続けられるパリらしさをまとったバッグを作りたいと願いました。Numéro un, deux, troisと番号が付けられたバッグに共通するのは、カーフレザーのなめらかな風合いを生かしたピュアでフェミニンなデザイン。定番の黒や茶のほか、ローズ、サンドベージュといったニュアンスカラーが豊富にそろいます。使い勝手の良さはもちろん、上品な雰囲気でオンにもオフにも活躍してくれます。

バッグのお値段は160〜330€。

DATA MAP → P.135

住所	48 rue Sainte Croix de la Bretonnerie 75004
電話	09 86 68 16 71
メトロ	Bastille ①⑤⑧
営業日	毎日 11:00-19:30
定休日	無休
カード	Visa, Master
URL	www.polene-paris.com

買う ファッション

095

アクセサリー／靴

Anne Thomas
アンヌ・トマ

彼女のデザインと調和するミニマルな空間。

| 月 | 火 | 水 | 木 | 金 | 土 | |

シンプル＆上質な靴とビジュー

　リヨン出身のアンヌ・トマが自身の名前を冠した靴とアクセサリーのブランド。アクセサリーデザイナーとしてデビューした2005年に、パリの「プランタン」(P.124)が主催した若手クリエイター週間で賞に輝き、彼女が手がけるピアスやリングはセレクトショップを中心に瞬く間に注目を集めるアイテムとなりました。シンプルで潔いデザインの中に、柔らかな曲線のフォルムが女性らしさを漂わせ、大人に似合うアクセサリーとして定評があります。2013年からは靴のデザインも手がけ、上質なレザーを使った定番のスリッポンやサンダルは、履き心地の良さだけでなく、着こなしにモード感をプラスしてくれる靴としてパリジェンヌに愛されています。

▶ DATA MAP → P.134

住 所	3 rue Paul Dubois 75003
電 話	01 40 09 94 54
メトロ	Temple ③
営業日	月 14:00-19:00、 火～土 11:00-14:00 / 15:00-19:00
定休日	日
カード	Visa, Master, Amex
URL	www.annethomas.fr

定番ローファーもフェミニンに

レディス

Soeur
スール

月 火 水 木 金 土

世代にこだわらない自由な服

　姉、妹を意味する「soeur」という名前の通り、このブランドを手がけるのはドミティーユとアンジェリックの2人姉妹。2008年に左岸のボナパルト通りに最初の店をオープンして以来、パリに8軒、フランス各地のデパートやセレクトショップに置かれるマストブランドとなりました。50年代の北欧やヌーヴェル・ヴァーグ映画からインスパイアされたコレクションは、上質な素材と着心地の良さにこだわったデザインで、どんな世代の女性にもさらりと着こなしてもらえるのが特徴。ブラウス、パンツ、ニット、ワンピなど、どのアイテムも甘さとクールさが共存する、ジェンダーをあまり感じさせないドライな雰囲気がいかにもパリらしいブランドです。

今のパリジェンヌっぽさを体現するブランド。

DATA MAP → P.136

住所	88 rue Bonaparte 75006
電話	01 46 34 19 33
メトロ	Saint Sulpice ④
営業日	月-土 10:30-19:00
定休日	日
カード	Visa, Master, Amex
URL	www.soeur.fr

買う　ファッション

097

アクセサリー

Macon & Lesquoy
マコン・エ・レスコア

月 火 水 木 金 土

胸元でおしゃれにマニフェスト

　どこか懐かしさの漂うブローチとワッペンが、今、パリジャンたちの間で「モードなアイテム」として注目を集めています。その人気の立役者となったのが、2009年に誕生したマリーとアンヌ＝ロールが手がける「マコン・エ・レスコア」。愛着のある洋服のシミもさらりと隠してくれるアイテムは、まさに彼女たちが求めていた「日常で役立つアートなオブジェ」。動物やフルーツのほか、タバコやギター、血のついた手をくわえるサメなど、少しダークな斜め目線のデザインが唯一無二の魅力。「カンティーユ」という伝統技術で極細の金属糸を用いて手刺繍される繊細なブローチは、コレクションしたくなる美しさです。プチプラ＆おしゃれなパリみやげにも。

コレクター心をくすぐるブローチがずらり。

DATA MAP → P.140-A

住 所	37 rue Yves Toudic 75010
電 話	09 53 92 89 70
メトロ	Jacques Bonsergent ⑤、République ③⑤⑧⑨⑪
営業日	月-木 11:30-14:00/15:00-19:30、金-土 10:30-19:30
定休日	日、8月2週間
カード	Visa, Master
URL	www.maconetlesquoy.com

セレクトショップ

L'Exception
レクセプション

月 火 水 木 金 土 日

フランスらしいスタイルを探しに

　フランスのクリエイターのみを扱うオンラインショップ「レクセプション」が、リニューアルしてぐんとおしゃれになった「フォーラム・デ・アール」(P.125)に旗艦店をオープンしました。上質な素材や仕立ては大前提として、ベーシックながらちょっとひねりの効いた、さりげなくおしゃれなアイテムがこの店らしいセレクト。レディス＆メンズの服やバッグ、シューズ、アクセサリーはもちろん、本や雑貨、グルメまでそろい、おみやげ探しにもぴったり。有名ブランドから才能ある若手クリエイターまで、板チョコから800€のバッグまで、フランスのクリエーションの底力を体感できるお店。お買い物の合間の休憩に便利なカフェも人気です。

無名のクリエイターを発掘する楽しみも。

▶ DATA　MAP → P.133

住　所	24 rue Berger 75001
電　話	01 40 39 92 34
メトロ	Les Halles ④
営業日	月-土 10:00-20:30、日 11:00-19:00
定休日	無休
カード	Visa, Master
URL	www.lexception.com

バッグ

Tammy & Benjamin
タミー・アンド・ベンジャミン

月 火 水 木 金 土 日

今の着こなしに合うヴィンテージ

シーズンで変わるプリントも素敵

　ひと目見たら忘れられない印象的な形をした「タミー・アンド・ベンジャミン」のバッグたち。丸、四角、がま口といった1950年代以前に流行したような、ヴィンテージのバッグを思わせるデザインがこのブランドの魅力ですが、ディテールにはアクティブな現代女性の生活とファッションに寄り添った工夫が施されています。なめらかで丈夫なヴァシェットレザーに今っぽいゴールドのシグネチャー刻印、取り外し可能なショルダーストラップが付けられ、街歩きのバッグとして気兼ねなく使えます。色はスタンダードなブラックやブラウンのほか、グリーンやレッド系の渋めのバリエーションがあり、大人の着こなしにシックな雰囲気を添えてくれます。

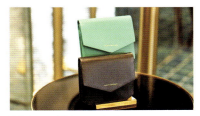
洗練されたデザインのコインケース 95€。

DATA MAP → P.134

住　所	33 rue de Poitou 75003
電　話	01 40 56 05 39
メトロ	Saint Sébastien Froissart ⑧
営業日	毎日 12:00-19:30
定休日	無休
カード	Visa, Master, Amex
URL	www.tammyandbenjamin.com

買う / ファッション

アクセサリー／雑貨

Brigitte Tanaka
ブリジット・タナカ

| 月 | 火 | 水 | 木 | 金 | 土 |

懐かしく新しい不思議な世界

　サン・ロック教会と壁でつながる歴史ある建物に、フランス人のブリジット・ジラウディと日本人のチエコ・タナカの2人組が、小さな、でも夢にあふれたコンセプトストアをオープンしました。今と昔を行き来するような、ここにしかない世界観が素敵です。遊び心があってキュートな「BT」オリジナルのアクセサリーや小物、そして昔の香水瓶のネックレスなど骨董市で見つけてきたアンティークに手仕事を加えて蘇らせた品々は、まさにこの店でしか見つからない一点ものばかり。メトロ地図をプリントしたシルクスカーフや小さなマッチ箱など、ほかでは見つからないパリのおみやげも。ほかにも革小物や陶器、文房具など、かわいいものが詰まっています。

名入れができる商品が多いので聞いてみて。

▶ DATA　MAP → P.132

住　所	18 rue Saint Roch 75001
電　話	01 42 96 30 49
メトロ	Tuileries ①、Pyramides ⑦⑭
営業日	月-土 11:00-14:00/15:00-19:00
定休日	日、8月3週間
カード	Visa, Master, Amex
URL	www.brigittetanaka.com

103

ランジェリー

Ysé
イゼ

| 月 | 火 | 水 | 木 | 金 | 土 | 日 |

パリジェンヌ気分の下着をまとう

　フランスで一般的な、パッドがしっかり入ったボリュームのあるブラではなく、もっと軽い素材で気楽に身に着けられるようなブラを作りたいと、2012年にネットショップからスタートした「イゼ」は、そのデリケートでフェミニンなスタイルで瞬く間に注目を浴び、2015年に1号店が誕生しました。比較的ボーイッシュな体型の女性に向けて、A・Bカップからスタート。軽やかで繊細なレースが作り出すナチュラルな着心地、しかも、ブラ＆ショーツのセットで65€〜というリーズナブルな価格で、すっかりパリジェンヌ御用達のブランドになりました。現在はC・Dカップも登場。それぞれのサイズで、それぞれの自然な美しさを演出してくれます。

店名はギリシャ語で「美しい女性」のこと。

▶ DATA　MAP → P.134

住　所	117 rue Vieille du Temple 75003
電　話	01 42 74 22 71
メトロ	Saint Sébastien Froissart ⑧
営業日	月-土 11:00-20:00、日 11:00-19:30
定休日	無休
カード	Visa, Master
URL	www.yse-lingerie.com

アクセサリー

Mimilamour

ミミラムール

インパクト大の手作りビジュー

　曲線が美しいハート型リングや、蛇をモチーフにした大胆なネックレスなど、インパクトのある世界観で多くのファンを持つ「ミミラムール」。シンプルな服を好むパリジェンヌにとって、ワンアイテムで変化が付けられる存在感あるアクセサリーは必要不可欠。デザイナーのジェラールは雑誌「エル」アジア版のアートディレクターとして活躍していた人物。ブランド立ち上げ直後から多くの雑誌に紹介され、瞬く間に知名度が上昇。2015年パリ10区にアトリエ・ブティックを構えました。自然、海、宇宙、動物……。大切だけど身近すぎて忘れてしまいがちな要素からインスピレーションを受け、「愛」のメッセージを込めたアクセサリーを手作りしています。

大ぶりアクセが苦手な人にも試してほしい。

▶ DATA　MAP → P.140-A

住　所 ｜ 30 rue Jacques Louvel Tessier 75010
電　話 ｜ 09 83 72 88 93
メトロ ｜ Goncourt ⑪
営業日 ｜ 水、金、土 11:00-19:00
定休日 ｜ 日、月、火、木、8月
カード ｜ Visa, Master
URL　 ｜ www.mimilamour.com

レディス

Leon & Harper
レオン・アンド・ハーパー

月 火 水 木 金 土 日

新世代女子が支持する日常服

「レオン・アンド・ハーパー」は、パリに6店舗、フランスをはじめ世界各地に多くの取り扱い店があるパリ生まれの人気ブランド。「メルシー」（P.124）と同じ大通り沿いにあり、パリのアパルトマンを思わせるインテリアで飾られたこのショップには、かわいい洋服にめぐり逢えそうなワクワク感があふれています。オーナーのフィリップがイメージするのは、規則だらけの生活の中でも、さりげなくツイストを効かせられる賢さと遊び心を併せ持ち、仕事に趣味に恋愛に、自由に生きる新しい時代の女の子たち。気取らない、でも流行をおさえたかわいいシャツやパンツ、ワンピース、バッグ、シューズがそろい、トータルコーディネートを楽しめます。

バッグや靴などのおしゃれな小物も魅力的。

DATA MAP → P.135

住 所	95 boulevard Beaumarchais 75003
電 話	01 42 71 25 01
メトロ	Saint Sébastien Froissart ⑧
営業日	月-金 10:30-19:30、土 11:00-20:00、日 14:00-19:00
定休日	無休
カード	Visa, Master
URL	www.leonandharper.com
他店舗	23 rue du Temple 75003 46 rue du Four 75006 46 rue des Abbesses 75018

106

メンズセレクトショップ/カフェ

Archive 18-20
アルシーヴ・ディズュイット・ヴァン

買う / ファッション

月 火 水 木 金 土 日

彼氏をパリジャンに変身させる

　パリ市庁舎とデパート「BHV（ベアッシュヴェ）」の目と鼻の先、いつも大にぎわいのアルシーヴ通り。その18-20番地に、知る人ぞ知るメンズのライフスタイルショップがあります。2つのカフェに挟まれて、見過ごしてしまいそうな入口から建物の奥へ。すると驚くことに、450㎡の広々とした空間が広がります。ガラス張りの天井から自然光が入る気持ちのいいスペースに、ファッション、アート、デザイン、ガジェット、グルメなど男性の心をぐっとつかむアイテムをセレクト。ヘルシーなメニューがそろうカフェも併設。雑貨はもちろんユニセックスな服も多いので、女性も楽しめます。おしゃれなパリジャンたちが今注目しているものをギュッと集めたお店です。

センスの良い雑誌のセレクトにも定評あり。

DATA MAP → P.134

住　所	18-20 rue des Archives 75004
電　話	01 40 24 24 64
メトロ	Hôtel de Ville ①⑪
営業日	月-土 11:00-19:30、日 11:00-18:30
定休日	無休
カード	Visa, Master
URL	www.archive1820.com

パリジャンのおしゃれを盗もう

雑貨／レストラン

Borgo Delle Tovaglie
ボルゴ・デレ・トヴァリエ

月 火 水 木 金 土

イタリアの家で宝探し気分

　イタリアのボローニャ生まれのホームリネンブランドが、2014年にオープンしたコンセプトストア。ゴム工場だった建物を利用した700㎡の広々とした空間には、上質なリネンを中心に、テーブルウェア、インテリア雑貨、アンティークがセレクトされています。天井のガラス窓から優しい自然光が入る心地よい空間。地上階にある壁一面の引き出しや打ちっぱなしの壁は工場の名残で、古いものと新しいものが美しく共存しています。2階はまるでアパルトマンのようにしつらえてあり、クッションや小物を変えるだけでインテリアにぐっと変化をつけられることを体感できます。本場のイタリアンが味わえる併設のビストロも素敵なインテリア。

キッチン雑貨も色や種類が豊富。

DATA MAP → P.135

住所	4 rue du Grand Prieuré 75011
電話	09 82 33 64 81
メトロ	Oberkampf ⑤⑨
営業日	月-金 10:00-19:00、土 11:00-19:00
	（ビストロは12:00-14:30/19:00-22:30）
定休日	日、8月
カード	Visa, Master, Amex
URL	www.borgodelletovaglie.com

雑貨／アクセサリー／カフェ

Empreintes
アンプラント

火 水 木 金 土

フランスの職人技との一期一会

　北マレにまだこんな場所が残っていたのか、と驚くほど広々と気持ちのいい4フロアの空間に「アンプラント」はあります。工芸家組合に属する6000人以上の中から、数多くの無名な、しかし才能のあるクリエイターたちにスポットライトを当てています。陶器、ガラス器、アクセサリー、家具、照明などはどれもフランスで手作りされ、一点ものや少数生産のものばかり。買って自宅で使えるものを扱うショップであり、ただ鑑賞するためのギャラリーではないのがポイント。職人の名前や活動場所の表示、作業の様子を写した写真を通し、作り手をより身近に感じられます。フランスが誇る伝統工芸を未来へ受け継ぎたいという情熱に支えられた素敵な場所です。

芸術作品を毎日使って愛でたい。

DATA MAP → P.134

住　所	5 rue de Picardie 75003
電　話	01 40 09 53 80
メトロ	Filles du Calvaire ⑧、Temple ③
営業日	火-土 11:00-19:00
定休日	日、月
カード	Visa, Master
URL	www.empreintes-paris.com

買う／雑貨／インテリア

雑貨

Pompon Bazar
ポンポン・バザール

月 火 水 木 金 土

自分だけのかごバッグを見つける

　手織り、手編み、手刺繍など職人たちがハンドメイドで作り上げるファブリックをこよなく愛するコリンヌがオーナーの店。西アフリカや北アフリカ、トルコ、インドなどの国々を旅しながら、彼女が恋に落ちた美しいカーペットや雑貨が所狭しと並び、まるでオリエンタルな市場に迷い込んだような感覚になります。ベルベル族のカーペットやトルコのキリムなど、少し不揃いな、でもぬくもりのあるたたずまいは、良質な素材を使って丁寧に手作りされたものだからこその味わい。家に1枚あるだけで存在感を発揮してくれます。モロッコやバリで手作りされているキュートなかごバッグは、色や形のバリエーションが豊富で、パリいちばんのお店。

掘り出し物が隠れていそうなバザール。

DATA　MAP → P.140-A

住所	15 rue du Château d'eau 75010
電話	01 83 89 03 66
メトロ	Jacques Bonsergent ⑤
営業日	月-土 12:00-19:00
定休日	日
カード	Visa, Master, Amex
URL	www.pomponbazar.com

111

紙もの

Antoinette Poisson
アントワネット・ポワソン

火 水 木 金 土

18世紀の技術で作られる紙もの

　木版で図柄を印刷し、植物や幾何学模様を1枚ずつ手で彩色した装飾紙「ドミノペーパー」は、壁紙や収納箱、引き出しの内張りとして使われていました。18世紀末以降に失われたこの伝統技術を現代に蘇らせたのが、美術品の修復を専門とするヴァンサン、ジャン＝バティスト、ジュリーの3人。バスティーユ界隈の静かな中庭にたたずむアトリエ・ブティックでは、当時の柄を再現するだけでなく、オリジナルの柄も生み出し、手漉きの紙を使って昔ながらの手法でドミノペーパーを作っています。額に入れて飾れるドミノペーパーをはじめ、ノートや封筒などの小物もあり、手仕事ならではの凛とした美しさが、日々の暮らしを上質なものにしてくれます。

看板うさぎのポンポンが出迎えてくれるかも。

DATA　MAP → P.135

住　所　｜　12 rue Saint Sabin 75011
電　話　｜　01 77 17 13 11
メトロ　｜　Bréguet Sabin ⑤、Bastille ①⑤⑧
営業日　｜　火-金 11:00-19:00、土 12:00-19:00
定休日　｜　日、月、8月2週間
カード　｜　Visa, Master
URL　　｜　www.antoinettepoisson.com

お皿やカップなど器も美しい

©Anne-Charlotte Moulard

コスメ／カフェ／ギャラリー

Buly
ビュリー

月 火 水 木 金 土 日

19世紀のパリに思いを馳せる

　忘れ去られた19世紀の化粧品店を現代に蘇らせた「ビュリー」。上品なラベルの香水やガラス瓶が棚に並び、石けんを薄紙で包んでくれたり、ラベルを手書きしてくれたりと、優雅な気分でお買い物を楽しめるお店。ボナパルト通りの1号店に続き、北マレに新しいブティックが誕生しました。入って左手は香水や石けんが美しく並ぶ定番商品のコーナー。右手には19世紀パリの華やかな社交場だった「カフェ・トルトーニ」のカウンターを復刻。おいしいカフェやショコラショーを楽しめます。店内奥には、和洋ミックスのおもしろい具の入ったおにぎりコーナー、アートギャラリー、ドライフラワーショップがあり、「ビュリー」の独特な世界にひたれる空間です。

3カ月ごとにテーマが変わるギャラリー。

DATA MAP → P.134

住所	45 rue Saintonge 75003
電話	01 42 72 28 92
メトロ	Filles du Calvaire ⑧
営業日	月-土 10:30-19:00、日 11:00-18:00
定休日	無休
カード	Visa, Master
URL	www.buly1803.com
他店舗	6 rue Bonaparte 75006（P.136）

キャンドル／雑貨

Kerzon
ケルゾン

日 火 水 木 金 土 日

旅の記憶を香りとともに持ち帰る

　ピエール＝アレクシとエチエンヌの2人兄弟が2013年に立ち上げたルームフレグランスのブランド。キャンドルやスプレー、洗剤などの全商品を、南仏グラースで調香した香りを用いてフランスで手作りしています。「ケルゾン」の由来は2人のおばあちゃんが住んでいたブルターニュ地方の家の名前で、幼いころから幾度となく訪れた思い出の場所。さまざまな香りを紙で包んだ、このブランドを象徴する「香りのポシェット」は、手作りのラベンダーの香袋を引き出しの中に忍ばせていたおばあちゃんから発想を得たもの。袋にパリの地図をあしらったシリーズは、ふわっと香るたびに、楽しかった旅の記憶を蘇らせてくれる素敵なパリみやげになるでしょう。

どの商品もパッケージがキュート！

DATA MAP → P.134

住　所	68 rue de Turenne 75003
電　話	01 57 40 83 45
メトロ	Saint Sébastien Froissart ⑧
営業日	火-土 11:30-20:00
定休日	日、月
カード	Visa, Master
URL	www.kerzon.paris

オリーブ油のスキンケア商品もチェック

マルセイユ石けん

Marius Fabre
マリウス・ファーブル

月 火 水 木 金 土 日

110年以上変わらない本物

1900年創業、南仏生まれの老舗石けんメーカー。初代のマリウスから息子、孫、そして現在はひ孫にあたるマリーとジュリーが、ファーブル家の伝統を大切に受け継ぎ、ずっと変わらぬレシピで正真正銘のマルセイユ石けんを作り続けています。オリーブなどの天然植物性油だけを使い、着色料やパラベン、保存料は不使用、再生可能な包装と、自然に優しい商品作りにこだわっています。長い歴史の中でパリ初となるこのお店には、壁一面に固形や液体のさまざまな石けんが並び、素朴な中に凛とした美しさを感じます。顔や体用だけでなく、衣類の洗濯やシミ取り、防虫剤、歯磨き粉としても使える万能なマルセイユ石けんにはフランス人の知恵が詰まっています。

DATA　MAP → P.134

住 所	26 rue de Turenne 75003
電 話	01 44 93 59 57
メトロ	Saint Paul ①
営業日	月 14:00-19:00、火-日 11:00-19:30
定休日	無休
カード	Visa, Master, Amex
URL	www.marius-fabre.com

買う　雑貨／インテリア

本／雑貨／カフェ／ギャラリー

La Mouette Rieuse
ラ・ムエット・リウーズ

月 火 水 木 金 土 日

1日過ごせそうなユニーク書店

マレ地区に2017年オープンした「ラ・ムエット・リウーズ」は、「本屋さんみたいだけど単なる本屋さんではない」コンセプトストア。店名の通り「笑うカモメ」がトレードマークです。「旅する」「見つめる」「味わう」「笑う」「夢見る」など、したいこと目線でナビゲートされた店内。地上階のグラフィック本や雑貨、文房具、食器、2階の文学や子どもの本、はたまた定期的にテーマが変わるコーナーなど、ここにあるものすべてから物語を感じるセレクトです。3階にはアートギャラリーもあり、人それぞれにいろいろな楽しみ方ができるカルチャースペースなのです。1階奥には中庭に面した素敵なカフェもあり、ゆったりとこの空間を満喫できます。

おみやげにできそうな雑貨もいろいろ。

DATA MAP → P.134

住所	17 bis rue Pavée 75004
電話	01 43 70 34 74
メトロ	Saint Paul ①
営業日	毎日 11:00-20:00 （7-9月の金土日のみ20:30まで）
定休日	無休
カード	Visa, Master
URL	www.lamouetterieuse.fr

雑貨

Muskhane
ミュスカンヌ

火 水 木 金 土

やさしい手触りで癒される雑貨

　NGOのミッションで訪れたカトマンズでヒマラヤの大自然に魅了された2人のフランス人、ヴァレリーとティエリーが、ネパールの豊かな素材と色彩、伝統の職人技に惚れ込んで2002年に立ち上げたブランド。昔から息づくこの地方の伝統と職人たちを守りながら発展させるため力を尽くす彼らはネパールで15年間暮らしたのち、現在はアルプスの山々に囲まれた町アヌシーにオフィスを構えています。カトマンズのアトリエで手作りされる雑貨や洋服は、7世紀から伝わる独特な製法のフェルトや上質なカシミアなどの伝統的な素材と、フランスの洗練されたデザインがうまく融合されていて、お部屋に置いておくだけで心が癒やされるようなぬくもりと彩りを添えてくれます。

天然素材の風合いが素朴で優しい雑貨たち。

DATA | MAP → P.134

住　所　｜ 3 rue Pastourelle 75003
電　話　｜ 01 42 71 07 00
メトロ　｜ Saint Sébastien Froissart ⑧
営業日　｜ 火-金 11:00-13:00/14:00-19:00、
　　　　　土 12:00-19:00
定休日　｜ 日、月
カード　｜ Visa, Master
URL　　｜ www.muskhane.com

インテリア／雑貨／カフェ

Maison Sarah Lavoine
メゾン・サラ・ラヴォワンヌ

月 火 水 木 金 土

サラのアパルトマンを訪れる

　パリっぽくてコンテンポラリー、でもナチュラルでぬくもりのあるスタイルで人気のインテリアデザイナー、サラ・ラヴォワンヌ。ヴィクトワール広場の「メゾン・サラ・ラヴォワンヌ」は広々とした2フロアの空間を、キッチン、ダイニング、サロン、書斎、寝室、クローゼットルーム……とまるでアパルトマンのようにしつらえたコンセプトストアです。サラがデザインするインテリア雑貨や家具、照明はもちろん、お眼鏡にかなったクリエイターたちの品々やグルメアイテムもセレクト。新鮮な旬の素材を使ったホームメイドのおいしさを味わえるダイニングもあり、まさにサラの家でおもてなしを受けているような、そんな気分にさせてくれる素敵なお店です。

真似したくなるアイデアがいたるところに。

DATA MAP → P.133

住　所	6 place des Victoires 75002
電　話	01 40 13 75 75
メトロ	Bourse ③、Pyramides ⑦⑭
営業日	月-土 10:00-19:00
定休日	日
カード	Visa, Master
URL	www.maisonsarahlavoine.com
他店舗	9 rue Saint Roch 75001（P.132）
	28 rue du Bac 75007（P.136）

買う　雑貨／インテリア

フラワーショップ／カフェ

Fragrance
フラグランス

月 火 水 木 金 土 日

パリ色の花を眺めつつコーヒーを

　グラフィックデザイナーとしてパソコンに向かう毎日を過ごしていたクレール・シャンポノワは、人生をがらっと変えたいと一念発起して専門学校に入り直し、花屋さんに転身。ただブーケを買いに立ち寄るだけではなく、お花が漂わせる雰囲気やいい香りをゆっくり楽しんでほしいという願いを込めて、店の一角にサロン・ド・テを設け、花とカフェが融合したユニークなスポット「フラグランス」を2018年2月にオープンしました。工事で床をはいだら出てきたという昔ながらのタイルや、むき出しの梁(はり)が田舎の一軒家のような趣き。クレールが好む、のどかな野原に咲いているような控えめな美しさの花たちにうっとりします。

クッキーやキャロットケーキもおいしい。

▶ DATA MAP → P.135

住 所	14 rue Saint Sébastien 75011
電 話	09 83 66 97 38
メトロ	Saint Sébastien Froissart ⑧
営業日	火-木 11:00-20:00、金-土 11:00-20:30、日 11:30-18:00
定休日	月
カード	Visa, Master（10€〜）
URL	www.facebook.com/fragrancefleursthes/

買う

雑貨／インテリア

BOUQUET
de fleurs séchées
20€

fleurs séchées
NIGELLE · STATICE
LAVANDE · IMMORTELLE
PAVOT · SETAIRE
15€
la botte

125

\\おみやげ探しならここ！//
買うのマストアドレス12

12 adresses incontournables pour ACHETER

[月] [火] [水] [木] [金] [土]

メルシー
Merci
[コンセプトストア]

MAP|P.135　⊕111 bd Beaumarchais 75003　⊕月 - 土 10:00-19:00　⊗日　｜メトロ：Saint Sébastien Froissart ⑧

パリで必ず立ち寄りたい場所。今のパリを映し出す抜群の商品セレクトと併設のカフェも魅力。

[月] [火] [水] [木] [金] [土]

シティファルマ
Citypharma
[ドラッグストア]

MAP|P.136　⊕ 26 rue du Four 75006　⊕月 - 金 8:30-20:00（土 9:00〜）⊗日　｜メトロ：Saint Germain des Prés ④

パリで薬局コスメを買うならここ！パリでいちばんの品揃えと安値でいつも大混雑の人気店。

[月] [火] [水] [木] [金] [土] [日]

モノプリ
Monoprix
[スーパー]

MAP|P.132　⊕ 23 av de l'Opéra 75001　⊕月 - 土 9:00-22:00、日 10:00-20:00　⊗無休｜メトロ：Pyramides ⑦⑭

ホテルごはんからプチプラのパリみやげまで滞在中に何度も通いたいパリジャン御用達のスーパー。

[月] [火] [水] [木] [金] [土] [日]

ギャラリー・
ラファイエット
Galeries Lafayette
[デパート]

MAP|P.132　⊕40 bd Haussmann 75009　⊕月 - 土 9:30-20:30、日 11:00-19:00　⊗無休｜メトロ：Chaussée d'Antin Lafayette ⑦⑨

短時間でいろんな買い物ができパリのおみやげ探しにも重宝する、旅行者に嬉しい有名デパート。

[月] [火] [水] [木] [金] [土]

プランタン
Printemps
[デパート]

MAP|P.132　⊕64 bd Haussmann 75009　⊕月 - 土 9:35-20:00（木は20:45まで）、日 11:00-19:00　⊗無休　｜メトロ：Havre Caumartin ③⑨

オペラ地区のもうひとつのデパート。人気ブランドの洋服、バッグ、コスメ、グルメがそろう。

[月] [火] [水] [木] [金] [土]

ボン・マルシェ
Bon Marché
[デパート]

MAP|P.136　⊕24 rue de Sèvres 75007　⊕月 - 土 10:00-20:00（木は20:45まで）、日 11:00-19:45　⊗無休　｜メトロ：Sèvres Babylone ⑩⑫

世界最古の老舗百貨店ではパリ左岸ならではのシックな雰囲気の中、優雅に買い物を楽しめる。

[月][火][水][木][金][土][日]

フォーラム・デ・アール
Forum des Halles

[ショッピングモール]

MAP|P.133　㊑101 Porte Berger 75001 ㊂月-土 10:00-20:30、日 11:00-19:00 ㊡無休｜メトロ：Les Halles ④

洋服や雑貨の人気チェーン店、モノプリがそろうレ・アール地区の新名所。日曜オープンで便利。

[月][火][水][木][金][土]

デ・プチ・オ
Des Petits Hauts

[レディス]

MAP|P.135　㊑5 rue Keller 75011 ㊂月 14:00-19:30、火-土 10:30-19:30 ㊡日｜メトロ：Bastille ①⑤⑧

どんな体型でもかわいく着こなせるデザインが人気。パリでしか手に入らない注目ブランド。

[火][水][木][金][土]

レ・フルール
Les Fleurs

[雑貨／インテリア]

MAP|P.135　㊑5 rue Trousseau 75011（2号店）㊂火-土 11:30-19:30 ㊡日、月｜メトロ：Ledru Rollin ⑧

雑貨好きパリジェンヌのマストアドレス。部屋に飾るだけで今のパリらしさが漂う小物がたくさん。

[火][水][木][金][土]

ラ・トレゾルリー
La Trésorerie

[雑貨／インテリア／カフェ]

MAP|P.140-A　㊑11 rue du Château d'eau 75010 ㊂火-土 11:00-19:30 ㊡日、月、8月3週間｜メトロ：République ③⑤⑧⑨⑪

日常で気軽に使える素朴で美しい食器やリネン類、キッチン用具などがそろう。併設カフェあり。

[月][火][水][木][金][土]

オ・プチ・ボヌール・ラ・シャンス
Au Petit Bonheur la Chance

[アンティーク雑貨]

MAP|P.134　㊑13 rue Saint Paul 75004 ㊂月-土 11:00-13:00 / 14:00-18:30 ㊡日、8月中旬｜メトロ：Saint Paul ①

アンティーク小物がぎっしり並ぶマレの小さな蚤の市のような店。骨董好きには夢のような空間。

[月][火][水][木][金][土]

アスティエ・ドゥ・ヴィラット
Astier de Villatte

[食器／雑貨]

MAP|P.132　㊑173 rue Saint Honoré 75001 ㊂月-土 11:00-19:30 ㊡日｜メトロ：Palais Royal Musée du Louvre ①⑦

日々の暮らしを少しだけ幸せにしてくれる手作りの素朴な白い食器は、1枚ずつ大切に集めたい。

3ツ星ホテル

Hôtel Henriette
ホテル・アンリエット

| 月 | 火 | 水 | 木 | 金 | 土 | 日 |

パリジェンヌ気分で過ごす

　パリ左岸、カルチエ・ラタンにほど近い界隈にたたずむ「ホテル・アンリエット」は、パリを愛する人だけにこっそりと教えてあげたいかわいいプチホテル。32の客室は、どれもオーナーのヴァネッサが蚤の市や骨董屋さんで買い集めたオブジェで飾られ、壁の色からリネンの柄、クッションカバー、ランプ、花瓶、そしてビンテージ家具まですべて異なり、おしゃれなパリジェンヌのアパルトマンに訪れたような気持ちになります。ラウンジ奥には小さな中庭があり、晴れた日には心地良い風を感じながら朝食をとったり、午後のひと時を過ごしたり。気取らない、でもセンスの良さに包まれたこの場所は、心からほっとできるパリの自宅のような存在です。

朝食ルームもこんなにロマンティック。

DATA　MAP → P.140-B

住所	9 rue des Gobelins 75013
電話	01 47 07 26 09
メトロ	Les Gobelins ⑦
料金	シングル89€〜、ダブル99€〜
URL	www.hotelhenriette.com

予約特典のエコバッグ

4ツ星ホテル

Hôtel National des Arts et Métiers

ホテル・ナショナル・デ・ザール・ゼ・メチエ

月 火 水 木 金 土 日

モードなパリにひたる

　北マレやエチエンヌ・マルセルにほど近い場所にあるオスマン様式の美しい建物。名前に「工芸」とある通り、大理石やスチール、無垢(く)の木を用いたアーティーなインテリアで2017年夏のオープン時にはインテリア雑誌などで多く取り上げられました。今をときめくシェフがプロデュースするイタリアンレストラン、香りを味わうオリジナルなカクテルが味わえるバー、パリの屋根やモニュメントを見渡せるルーフトップバーなどフード&ドリンクの魅力もあり、おしゃれパリジャンたちが集まるスポットになっています。グレイッシュにまとめたシックな客室では快適なステイに必要な設備とサービスがすべてそろいます。地下にはスパ&フィットネスも。

教会前の小さな広場に面していて静か。

▶ DATA　MAP → P.134

住　所 | 243 rue Saint Martin 75003
電　話 | 01 80 97 22 80
メトロ | Réaumur Sébastopol ④
料　金 | ダブル250€〜
URL | www.hotelnational.paris

© Jérôme Galland

© Jérôme Galland

3ツ星ホテル

Hôtel Bienvenue

ホテル・ビアンヴニュ

月 火 水 木 金 土 日

ロマンティックなパリを楽しむ

　古いホテルをモダンに改装した「ホテル・ビアンヴニュ」は、その名の通り、私たちを「ようこそ」と迎えてくれる憩いの場所。花柄の壁にルームキーが並ぶフロントや、ピンク、ブルー、グリーンの優しいペールカラーで彩られた客室は、どこかちょっぴり懐かしい雰囲気が魅力です。エントランスの奥に広がる中庭は、歩き疲れた体を癒してくれる静かで贅沢な空間。最寄りのメトロ、カデ駅は歩いて1分。あまり馴染みのない界隈のように思えますが、実は、デパートや人気店が立ち並ぶオペラ地区（P.132）や、地元パリジャンが通うビストロやおしゃれなショップが密集するピガールの南側SOPI地区へ歩いてアクセスできる絶好のロケーションなのです。

パリの定宿にしたくなる隠れ家的ホテル。

DATA MAP → P.138

住　所	23 rue Buffault 75009
電　話	01 48 78 32 18
メトロ	Cadet ⑦
料　金	シングル160€〜、ダブル190€〜
URL	www.hotelbienvenue.fr/ja

雑貨や小物使いも真似したい

4ツ星ホテル

Hôtel Square Louvois
ホテル・スクワー・ルーヴォワ

月 火 水 木 金 土 日

パリのシックに包まれる

　オペラ座にほど近く、日本食レストランが立ち並ぶサン・タンヌ通りからすぐの便利なロケーションながら、静かな小道に面したホテル。石造りの美しい建物の中は、コンテンポラリーでありつつも、ぬくもりを感じさせるインテリア。客室は濃紺・ブロンズ・白のカラーコーディネートと千鳥格子、レザーの質感がエレガントでシック。近隣の国立図書館にちなみ、どの部屋にもパリの古い街角と、著名な作家たちの写真が飾られています。4ツ星らしい充実した客室設備のほか、地下にプールやフィットネス、マッサージルームも。夕方にはお菓子やフルーツ、飲み物を無料で提供するサービスもあり、次も泊まりたくなる「おもてなし」の心を感じるホテルです。

落ち着きのある共有スペースも快適。

DATA MAP → P.133

住　所	12 rue de Louvois 75002
電　話	01 86 95 02 02
メトロ	Quatre Septembre ③
料　金	シングル160€〜、ダブル190€〜
URL	www.hotel-louvois-paris.com

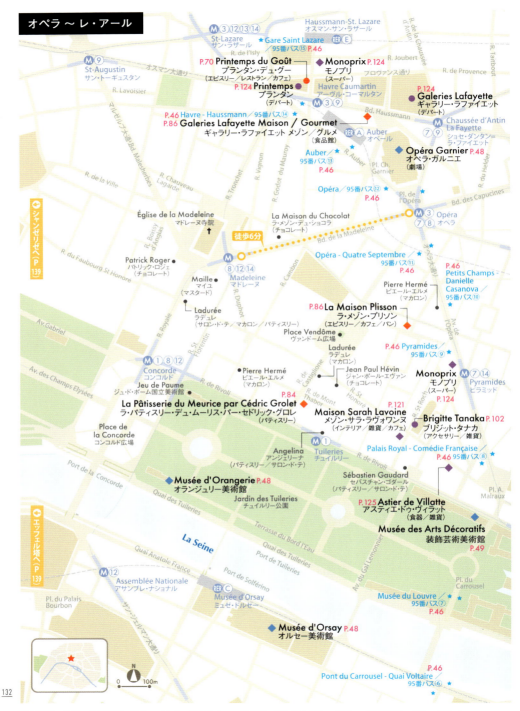

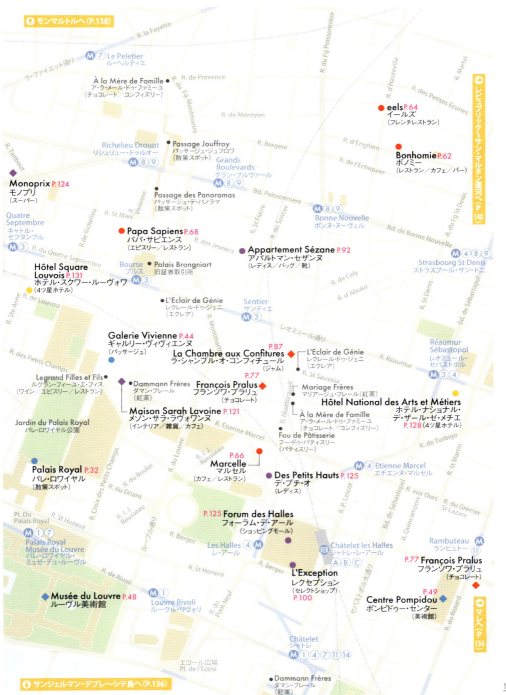

マレ 〜 オベルカンフ 〜 バスティーユ 〜 サン・ルイ島

Réaumur Sébastopol
レオミュール・セバストポル

M ③ Temple タンブル
L'Aller Retour P.58
ラレ・ルトゥール
（フレンチレストラン）

Hôtel National des Arts et Métiers P.128
ホテル・ナシオナル・デ・ザール・ゼ・メチエ
（4ツ星ホテル）

P.96 Anne Thomas
アンヌ・トマ
（アクセサリー／靴）

Arts et Métiers
アール・ゼ・メチエ

P.110 Empreintes
アンプラント
（雑貨／アクセサリー／カフェ）

P.86 Jacques Genin
ジャック・ジュナン
（チョコレート／サロン・ド・テ）

P.114 Buly
ビュリー
（コスメ／カフェ／ギャラリー）

Etienne Marcel
エチエンヌ・マルセル

Jean Paul Hévin
ジャン・ポール・エヴァン
（チョコレート）

Poilâne
ポワラーヌ
（パン／レストラン）

Pierre Hermé
ピエール・エルメ
（マカロン／パティスリー）

Rambuteau
ランビュトー

P.43 Marché couvert des Enfants Rouges
アンファン・ルージュ屋内市場
（マルシェ）

P.120 Muskhane
（雑貨）ミュスカンヌ

P.101 Tammy & Benjamin
（バッグ）タミー・アンド・ベンジャミン

P.77 François Pralus
フランソワ・プラリュ
（チョコレート）

P.125 Des Petits Hauts
（レディス）デ・プチ・オ

P.104 イゼ Ysé
（ランジェリー）

徒歩5分

P.49 Musée Picasso
ピカソ美術館

P.49 Centre Pompidou
ポンピドゥー・センター
（美術館）

Une Glace à Paris P.80
ユヌ・グラス・ア・パリ
（アイスクリーム／サロン・ド・テ）

P.87 Meert P.87
メール
（ワッフル）

P.116 Kerzon
ケルゾン
（キャンドル／雑貨）

À la Mère de Famille
ア・ラ・メール・ドゥ・ファミーユ
（チョコレート／コンフィズリー）

P.87 La Chambre aux Confitures
ラ・シャンブル・オ・コンフィチュール
（ジャム）

P.94 Polène
ポレーヌ
（バッグ）

Pierre Hermé
ピエール・エルメ
（マカロン）

P.125 Des Petits Hauts
デ・プチ・オ
（レディス）

P.117 Marius Fabre
マリウス・ファーブル
（マルセイユ石けん）

BHV
（デパート）

Hôtel de Ville
オテル・ドゥ・ヴィル

P.107 Archive 18-20
アルシーヴ・ディズュイット・ヴァン
（メンズセレクトショップ／カフェ）

Yann Couvreur
ヤン・クヴルー
（パティスリー／サロン・ド・テ）P.82

La Mouette Rieuse P.118
ラ・ムエット・リューズ
（本／雑貨／カフェ／ギャラリー）

Carnavale 美術館 Musée Carnavalet

Carette
カレット
（サロン・ド・テ／パティスリー）

Hôtel de Ville
パリ市庁舎

L'Eclair de Génie
レクレール・ドゥ・ジェニ
（エクレア）

Place des Vosges
ヴォージュ広場

Exposition à l'Hôtel de Ville
P.39 パリ市庁舎の特別展

St Paul
サン・ポール

P.60 La Mangerie
ラ・マンジュリー
（フレンチレストラン）

Dammann Frères
ダマン・フレール
（紅茶）

P.73 Beillevaire
ベイユヴェール
（チーズ）

Île de la Cité
シテ島

Cathédrale Notre Dame de Paris P.48
ノートル・ダム大聖堂

P.53 Capitaine
キャピテーヌ
（フレンチレストラン）

Pont Marie
ポン・マリー

P.125 Au Petit Bonheur la Chance
オ・プチ・ボヌール・ラ・シャンス
（アンティーク雑貨）

Île Saint Louis
サン・ルイ島

Berthillon P.86
ベルティヨン
（アイスクリーム／サロン・ド・テ）

La Seine

Sully Morland
シュリー・モルラン

カルチエ・ラタンへ（P.140）

134

● お散歩・公園　◆ 美術館・モニュメント　■ マルシェ・蚤の市　● レストラン・カフェ　◆ お菓子・パン・グルメ

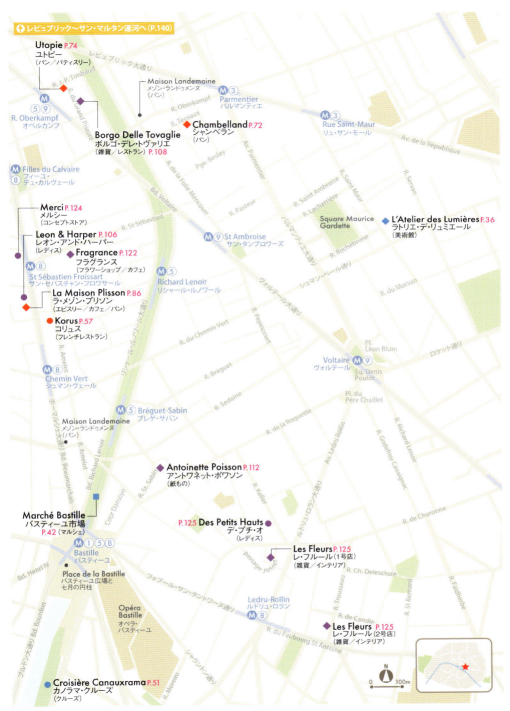

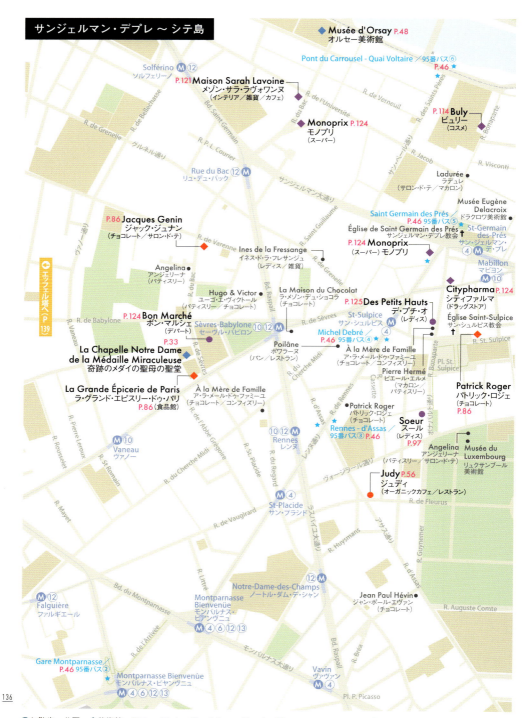

曜日別営業・定休日一覧　　月曜日 LUNDI

▨ 定休日　★ 夜間オープン

見る ｜ VOIR

ヴェール・ガラン公園	公園	023
クレミュー通り	散策スポット	024
モン・スニ通りの階段	散策スポット	026
サクレ・クール寺院	教会	027
沈む家	散策スポット	027
アンドレ・シトロエン公園の気球	アトラクション	028
モンマルトル美術館	美術館	030
パレ・ロワイヤル	散策スポット	032
奇跡のメダイの聖母の聖堂	教会	033
イヴ・サンローラン美術館	美術館	034
ラトリエ・デ・リュミエール	美術館	036
ジャコメッティ美術館	美術館	038
パリ市庁舎の特設展	美術館	039
マルモッタン美術館	美術館	040
バスティーユ市場	マルシェ	042
モンジュ市場	マルシェ	043
アンファン・ルージュ屋内市場	マルシェ	043
ギャルリー・ヴィヴィエンヌ	パッサージュ	044
95番バス	散策スポット	046
エッフェル塔	観光スポット	048
凱旋門	観光スポット	048
オペラ・ガルニエ	劇場	048
ルーヴル美術館	美術館	048
オルセー美術館	美術館	048
オランジュリー美術館	美術館	048
装飾芸術美術館	美術館	049
ピカソ美術館	美術館	049
ロダン美術館	美術館	049
ポンピドゥー・センター	美術館	049
ノートル・ダム大聖堂	大聖堂	049
サント・シャペル	礼拝堂	049
クリュニー中世美術館	美術館	050
グラン・パレ美術館	美術館	050
パリ市立美術館（プチ・パレ）	美術館	050
ギュスターヴ・モロー国立美術館	美術館	050
ジャックマール・アンドレ美術館 ★	美術館	050
建築・遺産博物館	博物館	050

ルイ・ヴィトン財団美術館	美術館	051
ロマン派美術館	美術館	051
クリニャンクールの蚤の市	蚤の市	051
ヴァンヴの蚤の市	蚤の市	051
バトー・ムッシュ	クルーズ	051
カノラマ・クルーズ	クルーズ	051

食べる ｜ MANGER

キャビテーヌ	フレンチレストラン	053
カイユボット	フレンチレストラン	054
ジュディ	オーガニックカフェ／レストラン	056
コリュス	フレンチレストラン	057
ラレ・ルトゥール	フレンチレストラン	058
ラ・マンジュリー	フレンチレストラン	060
ボノミー	レストラン／カフェ／バー	062
イールズ	フレンチレストラン	064
オティウム	オーガニックカフェ	065
マルセル	カフェ／レストラン	066
パパ・サピエンス	エピスリー／レストラン	068
プランタン・デュ・グー	エピスリー／レストラン／カフェ	070
シャンペラン	パン	072
ベイユヴェール	チーズ	073
ユトピー	パン／パティスリー	074
ボナ	チョコレート	076
フランソワ・プラリュ	チョコレート	077
キャラメル	パティスリー／サロン・ド・テ	078
ユヌ・グラス・ア・パリ	アイスクリーム／サロン・ド・テ	080
キャトルヴァン・シス・シャン	パティスリー／サロン・ド・テ／コスメ	081
ヤン・クヴルー	パティスリー／サロン・ド・テ	082
ラ・パティスリー・デュ・ムーリス・バー・セドリック・グロレ	パティスリー	084

ラ・グット・ドール	パティスリー	085
ラ・グランド・エピスリー・ドゥ・パリ	食品館	086
ギャラリー・ラファイエット メゾン／グルメ	食品館	086
ラ・メゾン・プリソン	エピスリー／カフェ／パン	086
パトリック・ロジェ	チョコレート	086
ジャック・ジュナン	チョコレート／サロン・ド・テ	086
ベルティヨン	アイスクリーム／サロン・ド・テ	086
ルモワン	カヌレ	087
デュ・パン・エ・デ・ジデ	パン	087
メール	ワッフル	087
ジル・マルシャル	パティスリー	087
ラ・シャンブル・オ・コンフィチュール	ジャム	087
ア・レトワール・ドール	お菓子のセレクトショップ	087

買う｜ACHETER

ブルジーヌ	レディス	091
アパルトマン・セザンヌ	レディス／バッグ／靴	092
ポレーヌ	バッグ	094
アンヌ・トマ	アクセサリー／靴	096
スール	レディス	097
マコン・エ・レスコア	アクセサリー	098
レクセプション	セレクトショップ	100
タミー・アンド・ベンジャミン	バッグ	101
ブリジット・タナカ	アクセサリー／雑貨	102
イゼ	ランジェリー	104
ミミラムール	アクセサリー	105
レオン・アンド・ハーパー	レディス	106
アルシーヴ・ディズュイット・ヴァン	メンズセレクトショップ／カフェ	107
ボルゴ・デレ・トヴァリエ	雑貨／レストラン	108

アンプラント	雑貨／アクセサリー／カフェ	110
ポンポン・バザール	雑貨	111
アントワネット・ポワソン	紙もの	112
ビュリー	コスメ／カフェ／ギャラリー	114
ケルゾン	キャンドル／雑貨	116
マリウス・ファーブル	マルセイユ石けん	117
ラ・ムエット・リウーズ	本／雑貨／カフェ／ギャラリー	118
ミュスカンヌ	雑貨	120
メゾン・サラ・ラヴォワンヌ	インテリア／雑貨／カフェ	121
フラグランス	フラワーショップ／カフェ	122
メルシー	コンセプトストア	124
シティファルマ	ドラッグストア	124
モノプリ	スーパー	124
ギャラリー・ラファイエット	デパート	124
プランタン	デパート	124
ボン・マルシェ	デパート	124
フォーラム・デ・アール	ショッピングモール	125
デ・プチ・オ	レディス	125
レ・フルール	雑貨／インテリア	125
ラ・トレゾルリー	雑貨／インテリア／カフェ	125
オ・プチ・ボヌール・ラ・シャンス	アンティーク雑貨	125
アスティエ・ドゥ・ヴィラット	食器／雑貨	125

泊まる｜DORMIR

ホテル・アンリエット	3ツ星ホテル	126
ホテル・ナショナル・デ・ザール・ゼ・メチエ	4ツ星ホテル	128
ホテル・ビアンヴニュ	3ツ星ホテル	130
ホテル・スクワー・ルーヴォワ	4ツ星ホテル	131

曜日別営業・定休日一覧　火曜日 MARDI

■ 定休日　★ 夜間オープン

見る | VOIR

ヴェール・ガラン公園	公園	023
クレミュー通り	散策スポット	024
モン・スニ通りの階段	散策スポット	026
サクレ・クール寺院	教会	027
沈む家	散策スポット	027
アンドレ・シトロエン公園の気球	アトラクション	028
モンマルトル美術館	美術館	030
パレ・ロワイヤル	散策スポット	032
奇跡のメダイの聖母の聖堂	教会	033
イヴ・サンローラン美術館	美術館	034
ラトリエ・デ・リュミエール	美術館	036
ジャコメッティ美術館	美術館	038
パリ市庁舎の特設展	美術館	039
マルモッタン美術館	美術館	040
バスティーユ市場	マルシェ	042
モンジュ市場	マルシェ	043
アンファン・ルージュ屋内市場	マルシェ	043
ギャルリー・ヴィヴィエンヌ	パッサージュ	044
95番バス	散策スポット	046
エッフェル塔	観光スポット	048
凱旋門	観光スポット	048
オペラ・ガルニエ	劇場	048
ルーヴル美術館	美術館	048
オルセー美術館	美術館	048
オランジュリー美術館	美術館	048
装飾芸術美術館	美術館	049
ピカソ美術館	美術館	049
ロダン美術館	美術館	049
ポンピドゥー・センター	美術館	049
ノートル・ダム大聖堂	大聖堂	049
サント・シャペル	礼拝堂	049
クリュニー中世美術館	美術館	050
グラン・パレ美術館	美術館	050
パリ市立美術館（プチ・パレ）	美術館	050
ギュスターヴ・モロー国立美術館	美術館	050
ジャックマール・アンドレ美術館	美術館	050
建築・遺産博物館	博物館	050

ルイ・ヴィトン財団美術館	美術館	051
ロマン派美術館	美術館	051
クリニャンクールの蚤の市	蚤の市	051
ヴァンヴの蚤の市	蚤の市	051
バトー・ムッシュ	クルーズ	051
カノラマ・クルーズ	クルーズ	051

食べる | MANGER

キャピテーヌ	フレンチレストラン	053
カイユボット	フレンチレストラン	054
ジュディ	オーガニックカフェ／レストラン	056
コリュス	フレンチレストラン	057
ラレ・ルトゥール	フレンチレストラン	058
ラ・マンジュリー	フレンチレストラン	060
ボノミー	レストラン／カフェ／バー	062
イールズ	フレンチレストラン	064
オティウム	オーガニックカフェ	065
マルセル	カフェ／レストラン	066
パパ・サピエンス	エピスリー／レストラン	068
プランタン・デュ・グー	エピスリー／レストラン／カフェ	070
シャンベラン	パン	072
ベイユヴェール	チーズ	073
ユトピー	パン／パティスリー	074
ボナ	チョコレート	076
フランソワ・プラリュ	チョコレート	077
キャラメル	パティスリー／サロン・ド・テ	078
ユヌ・グラス・ア・パリ	アイスクリーム／サロン・ド・テ	080
キャトルヴァン・シス・シャン	パティスリー／サロン・ド・テ／コスメ	081
ヤン・クヴルー	パティスリー／サロン・ド・テ	082
ラ・パティスリー・デュ・ムーリス・パー・セドリック・グロレ	パティスリー	084

ラ・グット・ドール	パティスリー	085
ラ・グランド・エピスリー・ドゥ・パリ	食品館	086
ギャラリー・ラファイエット メゾン／グルメ	食品館	086
ラ・メゾン・プリソン	エピスリー／カフェ／パン	086
パトリック・ロジェ	チョコレート	086
ジャック・ジュナン	チョコレート／サロン・ド・テ	086
ベルティヨン	アイスクリーム／サロン・ド・テ	086
ルモワン	カヌレ	087
デュ・パン・エ・デ・ジデ	パン	087
メール	ワッフル	087
ジル・マルシャル	パティスリー	087
ラ・シャンブル・オ・コンフィチュール	ジャム	087
ア・レトワール・ドール	お菓子のセレクトショップ	087

買う│ACHETER

ブルジーヌ	レディス	091
アパルトマン・セザンヌ	レディス／バッグ／靴	092
ポレーヌ	バッグ	094
アンヌ・トマ	アクセサリー／靴	096
スール	レディス	097
マコン・エ・レスコア	アクセサリー	098
レクセプション	セレクトショップ	100
タミー・アンド・ベンジャミン	バッグ	101
ブリジット・タナカ	アクセサリー／雑貨	102
イゼ	ランジェリー	104
ミミラムール	アクセサリー	105
レオン・アンド・ハーパー	レディス	106
アルシーヴ・ディズュイット・ヴァン	メンズセレクトショップ／カフェ	107
ポルゴ・デレ・トヴァリエ	雑貨／レストラン	108

アンブラント	雑貨／アクセサリー／カフェ	110
ポンポン・バザール	雑貨	111
アントワネット・ポワソン	紙もの	112
ビュリー	コスメ／カフェ／ギャラリー	114
ケルゾン	キャンドル／雑貨	116
マリウス・ファーブル	マルセイユ石けん	117
ラ・ムエット・リウーズ	本／雑貨／カフェ／ギャラリー	118
ミュスカンヌ	雑貨	120
メゾン・サラ・ラヴォワンヌ	インテリア／雑貨／カフェ	121
フラグランス	フラワーショップ／カフェ	122
メルシー	コンセプトストア	124
シティファルマ	ドラッグストア	124
モノプリ	スーパー	124
ギャラリー・ラファイエット	デパート	124
プランタン	デパート	124
ボン・マルシェ	デパート	124
フォーラム・デ・アール	ショッピングモール	125
デ・プチ・オ	レディス	125
レ・フルール	雑貨／インテリア	125
ラ・トレゾルリー	雑貨／インテリア／カフェ	125
オ・プチ・ボヌール・ラ・シャンス	アンティーク雑貨	125
アスティエ・ドゥ・ヴィラット	食器／雑貨	125

泊まる│DORMIR

ホテル・アンリエット	3ツ星ホテル	126
ホテル・ナショナル・デ・ザール・ゼ・メチエ	4ツ星ホテル	128
ホテル・ビアンヴニュ	3ツ星ホテル	130
ホテル・スクワー・ルーヴォワ	4ツ星ホテル	131

曜日別営業・定休日一覧　水曜日 MERCREDI

■ 定休日　★ 夜間オープン

見る | VOIR

ヴェール・ガラン公園	公園	023
クレミュー通り	散策スポット	024
モン・スニ通りの階段	散策スポット	026
サクレ・クール寺院	教会	027
沈む家	散策スポット	027
アンドレ・シトロエン公園の気球	アトラクション	028
モンマルトル美術館	美術館	030
パレ・ロワイヤル	散策スポット	032
奇跡のメダイの聖母の聖堂	教会	033
イヴ・サンローラン美術館	美術館	034
ラトリエ・デ・リュミエール	美術館	036
ジャコメッティ美術館	美術館	038
パリ市庁舎の特設展	美術館	039
マルモッタン美術館	美術館	040
バスティーユ市場	マルシェ	042
モンジュ市場	マルシェ	043
アンファン・ルージュ屋内市場	マルシェ	043
ギャルリー・ヴィヴィエンヌ	パッサージュ	044
95番バス	散策スポット	046
エッフェル塔	観光スポット	048
凱旋門	観光スポット	048
オペラ・ガルニエ	劇場	048
ルーヴル美術館 ★	美術館	048
オルセー美術館	美術館	048
オランジュリー美術館	美術館	048
装飾芸術美術館	美術館	049
ピカソ美術館	美術館	049
ロダン美術館	美術館	049
ポンピドゥー・センター	美術館	049
ノートル・ダム大聖堂	大聖堂	049
サント・シャペル	礼拝堂	049
クリュニー中世美術館	美術館	050
グラン・パレ美術館 ★	美術館	050
パリ市立美術館（プチ・パレ）	美術館	050
ギュスターヴ・モロー国立美術館	美術館	050
ジャックマール・アンドレ美術館	美術館	050
建築・遺産博物館	博物館	050
ルイ・ヴィトン財団美術館	美術館	051
ロマン派美術館	美術館	051
クリニャンクールの蚤の市	蚤の市	051
ヴァンヴの蚤の市	蚤の市	051
バトー・ムッシュ	クルーズ	051
カノラマ・クルーズ	クルーズ	051

食べる | MANGER

キャピテーヌ	フレンチレストラン	053
カイユボット	フレンチレストラン	054
ジュディ	オーガニックカフェ／レストラン	056
コリュス	フレンチレストラン	057
ラレ・ルトゥール	フレンチレストラン	058
ラ・マンジュリー	フレンチレストラン	060
ボノミー	レストラン／カフェ／バー	062
イールズ	フレンチレストラン	064
オティウム	オーガニックカフェ	065
マルセル	カフェ／レストラン	066
パパ・サピエンス	エピスリー／レストラン	068
プランタン・デュ・グー	エピスリー／レストラン／カフェ	070
シャンベラン	パン	072
ベイユヴェール	チーズ	073
ユトピー	パン／パティスリー	074
ボナ	チョコレート	076
フランソワ・プラリュ	チョコレート	077
キャラメル	パティスリー／サロン・ド・テ	078
ユヌ・グラス・ア・パリ	アイスクリーム／サロン・ド・テ	080
キャトルヴァン・シス・シャン	パティスリー／サロン・ド・テ／コスメ	081
ヤン・クヴルー	パティスリー／サロン・ド・テ	082
ラ・パティスリー・デュ・ムーリス・パー・セドリック・グロレ	パティスリー	084

ラ・グット・ドール	パティスリー	085
ラ・グランド・エピスリー・ドゥ・パリ	食品館	086
ギャラリー・ラファイエット メゾン／グルメ	食品館	086
ラ・メゾン・プリソン	エピスリー／カフェ／パン	086
パトリック・ロジェ	チョコレート	086
ジャック・ジュナン	チョコレート／サロン・ド・テ	086
ベルティヨン	アイスクリーム／サロン・ド・テ	086
ルモワン	カヌレ	087
デュ・パン・エ・デ・ジデ	パン	087
メール	ワッフル	087
ジル・マルシャル	パティスリー	087
ラ・シャンブル・オ・コンフィチュール	ジャム	087
ア・レトワール・ドール	お菓子のセレクトショップ	087

買う │ ACHETER

ブルジーヌ	レディス	091
アパルトマン・セザンヌ	レディス／バッグ／靴	092
ポレーヌ	バッグ	094
アンヌ・トマ	アクセサリー／靴	096
スール	レディス	097
マコン・エ・レスコア	アクセサリー	098
レクセプション	セレクトショップ	100
タミー・アンド・ベンジャミン	バッグ	101
ブリジット・タナカ	アクセサリー／雑貨	102
イゼ	ランジェリー	104
ミミラムール	アクセサリー	105
レオン・アンド・ハーバー	レディス	106
アルシーヴ・ディズュイット・ヴァン	メンズセレクトショップ／カフェ	107
ボルゴ・デレ・トヴァリエ	雑貨／レストラン	108

アンプラント	雑貨／アクセサリー／カフェ	110
ポンポン・バザール	雑貨	111
アントワネット・ポワソン	紙もの	112
ビュリー	コスメ／カフェ／ギャラリー	114
ケルゾン	キャンドル／雑貨	116
マリウス・ファーブル	マルセイユ石けん	117
ラ・ムエット・リウーズ	本／雑貨／カフェ／ギャラリー	118
ミュスカンヌ	雑貨	120
メゾン・サラ・ラヴォワンヌ	インテリア／雑貨／カフェ	121
フラグランス	フラワーショップ／カフェ	122
メルシー	コンセプトストア	124
シティファルマ	ドラッグストア	124
モノプリ	スーパー	124
ギャラリー・ラファイエット	デパート	124
プランタン	デパート	124
ボン・マルシェ	デパート	124
フォーラム・デ・アール	ショッピングモール	125
デ・プチ・オ	レディス	125
レ・フルール	雑貨／インテリア	125
ラ・トレゾルリー	雑貨／インテリア／カフェ	125
オ・プチ・ボヌール・ラ・シャンス	アンティーク雑貨	125
アスティエ・ドゥ・ヴィラット	食器／雑貨	125

泊まる │ DORMIR

ホテル・アンリエット	3ツ星ホテル	126
ホテル・ナショナル・デ・ザール・ゼ・メチエ	4ツ星ホテル	128
ホテル・ビアンヴニュ	3ツ星ホテル	130
ホテル・スクワー・ルーヴォワ	4ツ星ホテル	131

曜日別営業・定休日一覧　木曜日 JEUDI

　 定休日　★ 夜間オープン

見る | VOIR

ヴェール・ガラン公園	公園	023
クレミュー通り	散策スポット	024
モン・スニ通りの階段	散策スポット	026
サクレ・クール寺院	教会	027
沈む家	散策スポット	027
アンドレ・シトロエン公園の気球	アトラクション	028
モンマルトル美術館	美術館	030
パレ・ロワイヤル	散策スポット	032
奇跡のメダイの聖母の聖堂	教会	033
イヴ・サンローラン美術館	美術館	034
ラトリエ・デ・リュミエール	美術館	036
ジャコメッティ美術館	美術館	038
パリ市庁舎の特設展	美術館	039
マルモッタン美術館 ★	美術館	040
バスティーユ市場	マルシェ	042
モンジュ市場	マルシェ	043
アンファン・ルージュ屋内市場	マルシェ	043
ギャルリー・ヴィヴィエンヌ	パッサージュ	044
95番バス	散策スポット	046
エッフェル塔	観光スポット	048
凱旋門	観光スポット	048
オペラ・ガルニエ	劇場	048
ルーヴル美術館	美術館	048
オルセー美術館 ★	美術館	048
オランジュリー美術館	美術館	048
装飾芸術美術館 ★	美術館	049
ピカソ美術館	美術館	049
ロダン美術館	美術館	049
ポンピドゥー・センター ★	美術館	049
ノートル・ダム大聖堂	大聖堂	049
サント・シャペル	礼拝堂	049
クリュニー中世美術館	美術館	050
グラン・パレ美術館	美術館	050
パリ市立美術館（プチ・パレ）	美術館	050
ギュスターヴ・モロー国立美術館	美術館	050
ジャックマール・アンドレ美術館	美術館	050
建築・遺産博物館 ★	博物館	050
ルイ・ヴィトン財団美術館	美術館	051
ロマン派美術館	美術館	051
クリニャンクールの蚤の市	蚤の市	051
ヴァンヴの蚤の市	蚤の市	051
バトー・ムッシュ	クルーズ	051
カノラマ・クルーズ	クルーズ	051

食べる | MANGER

キャピテーヌ	フレンチレストラン	053
カイユボット	フレンチレストラン	054
ジュディ	オーガニックカフェ／レストラン	056
コリュス	フレンチレストラン	057
ラレ・ルトゥール	フレンチレストラン	058
ラ・マンジュリー	フレンチレストラン	060
ボノミー	レストラン／カフェ／バー	062
イールズ	フレンチレストラン	064
オティウム	オーガニックカフェ	065
マルセル	カフェ／レストラン	066
パパ・サピエンス	エピスリー／レストラン	068
プランタン・デュ・グー	エピスリー／レストラン／カフェ	070
シャンベラン	パン	072
ベイユヴェール	チーズ	073
ユトピー	パン／パティスリー	074
ボナ	チョコレート	076
フランソワ・プラリュ	チョコレート	077
キャラメル	パティスリー／サロン・ド・テ	078
ユヌ・グラス・ア・パリ	アイスクリーム／サロン・ド・テ	080
キャトルヴァン・シス・シャン	パティスリー／サロン・ド・テ／コスメ	081
ヤン・クヴルー	パティスリー／サロン・ド・テ	082
ラ・パティスリー・デュ・ムーリス・パー・セドリック・グロレ	パティスリー	084

ラ・グット・ドール	パティスリー	085
ラ・グランド・エピスリー・ドゥ・パリ	食品館	086
ギャラリー・ラファイエット メゾン／グルメ	食品館	086
ラ・メゾン・プリソン	エピスリー／カフェ／パン	086
パトリック・ロジェ	チョコレート	086
ジャック・ジュナン	チョコレート／サロン・ド・テ	086
ベルティヨン	アイスクリーム／サロン・ド・テ	086
ルモワン	カヌレ	087
デュ・パン・エ・デ・ジデ	パン	087
メール	ワッフル	087
ジル・マルシャル	パティスリー	087
ラ・シャンブル・オ・コンフィチュール	ジャム	087
ア・レトワール・ドール	お菓子の セレクトショップ	087

買う │ ACHETER

ブルジーヌ	レディス	091
アパルトマン・セザンヌ	レディス／バッグ／靴	092
ポレーヌ	バッグ	094
アンヌ・トマ	アクセサリー／靴	096
スール	レディス	097
マコン・エ・レスコア	アクセサリー	098
レクセプション	セレクトショップ	100
タミー・アンド・ベンジャミン	バッグ	101
ブリジット・タナカ	アクセサリー／雑貨	102
イゼ	ランジェリー	104
ミミラムール	アクセサリー	105
レオン・アンド・ハーパー	レディス	106
アルシーヴ・ディズュイット・ヴァン	メンズセレクト ショップ／カフェ	107
ボルゴ・デレ・トヴァリエ	雑貨／レストラン	108

アンプラント	雑貨／アクセサリー／カフェ	110
ポンポン・バザール	雑貨	111
アントワネット・ポワソン	紙もの	112
ビュリー	コスメ／カフェ／ギャラリー	114
ケルゾン	キャンドル／雑貨	116
マリウス・ファーブル	マルセイユ石けん	117
ラ・ムエット・リウーズ	本／雑貨／カフェ／ギャラリー	118
ミュスカンヌ	雑貨	120
メゾン・サラ・ラヴォワンヌ	インテリア／雑貨／カフェ	121
フラグランス	フラワーショップ／カフェ	122
メルシー	コンセプトストア	124
シティファルマ	ドラッグストア	124
モノプリ	スーパー	124
ギャラリー・ラファイエット	デパート	124
プランタン ★	デパート	124
ボン・マルシェ ★	デパート	124
フォーラム・デ・アール	ショッピングモール	125
デ・プチ・オ	レディス	125
レ・フルール	雑貨／インテリア	125
ラ・トレゾルリー	雑貨／インテリア／カフェ	125
オ・プチ・ボヌール・ラ・シャンス	アンティーク雑貨	125
アスティエ・ドゥ・ヴィラット	食器／雑貨	125

泊まる │ DORMIR

ホテル・アンリエット	3ツ星ホテル	126
ホテル・ナショナル・デ・ザール・ゼ・メチエ	4ツ星ホテル	128
ホテル・ビアンヴニュ	3ツ星ホテル	130
ホテル・スクワー・ルーヴォワ	4ツ星ホテル	131

曜日別営業・定休日一覧　　金曜日 VENDREDI　　▨ 定休日　★ 夜間オープン

見る │ VOIR

ヴェール・ガラン公園	公園	023
クレミュー通り	散策スポット	024
モン・スニ通りの階段	散策スポット	026
サクレ・クール寺院	教会	027
沈む家	散策スポット	027
アンドレ・シトロエン公園の気球	アトラクション	028
モンマルトル美術館	美術館	030
パレ・ロワイヤル	散策スポット	032
奇跡のメダイの聖母の聖堂	教会	033
イヴ・サンローラン美術館 ★	美術館	034
ラトリエ・デ・リュミエール ★	美術館	036
ジャコメッティ美術館	美術館	038
パリ市庁舎の特設展	美術館	039
マルモッタン美術館	美術館	040
バスティーユ市場	マルシェ	042
モンジュ市場	マルシェ	043
アンファン・ルージュ屋内市場	マルシェ	043
ギャルリー・ヴィヴィエンヌ	パッサージュ	044
95番バス	散策スポット	046
エッフェル塔	観光スポット	048
凱旋門	観光スポット	048
オペラ・ガルニエ	劇場	048
ルーヴル美術館 ★	美術館	048
オルセー美術館	美術館	048
オランジュリー美術館	美術館	048
装飾芸術美術館	美術館	049
ピカソ美術館	美術館	049
ロダン美術館	美術館	049
ポンピドゥー・センター	美術館	049
ノートル・ダム大聖堂	大聖堂	049
サント・シャペル	礼拝堂	049
クリュニー中世美術館	美術館	050
グラン・パレ美術館	美術館	050
パリ市立美術館（プチ・パレ）	美術館	050
ギュスターヴ・モロー国立美術館	美術館	050
ジャックマール・アンドレ美術館	美術館	050
建築・遺産博物館	博物館	050
ルイ・ヴィトン財団美術館	美術館	051
ロマン派美術館	美術館	051
クリニャンクールの蚤の市	蚤の市	051
ヴァンヴの蚤の市	蚤の市	051
バトー・ムッシュ	クルーズ	051
カノラマ・クルーズ	クルーズ	051

食べる │ MANGER

キャピテーヌ	フレンチレストラン	053
カイユボット	フレンチレストラン	054
ジュディ	オーガニックカフェ／レストラン	056
コリュス	フレンチレストラン	057
ラレ・ルトゥール	フレンチレストラン	058
ラ・マンジュリー	フレンチレストラン	060
ボノミー	レストラン／カフェ／バー	062
イールズ	フレンチレストラン	064
オティウム	オーガニックカフェ	065
マルセル	カフェ／レストラン	066
パパ・サピエンス	エピスリー／レストラン	068
プランタン・デュ・グー	エピスリー／レストラン／カフェ	070
シャンベラン	パン	072
ベイユヴェール	チーズ	073
ユトピー	パン／パティスリー	074
ボナ	チョコレート	076
フランソワ・プラリュ	チョコレート	077
キャラメル	パティスリー／サロン・ド・テ	078
ユヌ・グラス・ア・パリ	アイスクリーム／サロン・ド・テ	080
キャトルヴァン・シス・シャン	パティスリー／サロン・ド・テ／コスメ	081
ヤン・クヴルー	パティスリー／サロン・ド・テ	082
ラ・パティスリー・デュ・ムーリス・バー・セドリック・グロレ	パティスリー	084

ラ・グット・ドール	パティスリー	085
ラ・グランド・エピスリー・ドゥ・パリ	食品館	086
ギャラリー・ラファイエット メゾン／グルメ	食品館	086
ラ・メゾン・プリソン	エピスリー／カフェ／パン	086
パトリック・ロジェ	チョコレート	086
ジャック・ジュナン	チョコレート／サロン・ド・テ	086
ベルティヨン	アイスクリーム／サロン・ド・テ	086
ルモワン	カヌレ	087
デュ・パン・エ・デ・ジデ	パン	087
メール	ワッフル	087
ジル・マルシャル	パティスリー	087
ラ・シャンブル・オ・コンフィチュール	ジャム	087
ア・レトワール・ドール	お菓子のセレクトショップ	087

買う │ ACHETER

ブルジーヌ	レディス	091
アパルトマン・セザンヌ	レディス／バッグ／靴	092
ポレーヌ	バッグ	094
アンヌ・トマ	アクセサリー／靴	096
スール	レディス	097
マコン・エ・レスコア	アクセサリー	098
レクセプション	セレクトショップ	100
タミー・アンド・ベンジャミン	バッグ	101
ブリジット・タナカ	アクセサリー／雑貨	102
イゼ	ランジェリー	104
ミミラムール	アクセサリー	105
レオン・アンド・ハーバー	レディス	106
アルシーヴ・ディズュイット・ヴァン	メンズセレクトショップ／カフェ	107
ボルゴ・デレ・トヴァリエ	雑貨／レストラン	108

アンプラント	雑貨／アクセサリー／カフェ	110
ポンポン・バザール	雑貨	111
アントワネット・ポワソン	紙もの	112
ビュリー	コスメ／カフェ／ギャラリー	114
ケルゾン	キャンドル／雑貨	116
マリウス・ファーブル	マルセイユ石けん	117
ラ・ムエット・リウーズ	本／雑貨／カフェ／ギャラリー	118
ミュスカンヌ	雑貨	120
メゾン・サラ・ラヴォワンヌ	インテリア／雑貨／カフェ	121
フラグランス	フラワーショップ／カフェ	122
メルシー	コンセプトストア	124
シティファルマ	ドラッグストア	124
モノプリ	スーパー	124
ギャラリー・ラファイエット	デパート	124
プランタン	デパート	124
ボン・マルシェ	デパート	124
フォーラム・デ・アール	ショッピングモール	125
デ・プチ・オ	レディス	125
レ・フルール	雑貨／インテリア	125
ラ・トレゾルリー	雑貨／インテリア／カフェ	125
オ・プチ・ボヌール・ラ・シャンス	アンティーク雑貨	125
アスティエ・ドゥ・ヴィラット	食器／雑貨	125

泊まる │ DORMIR

ホテル・アンリエット	3ツ星ホテル	126
ホテル・ナショナル・デ・ザール・ゼ・メチエ	4ツ星ホテル	128
ホテル・ビアンヴニュ	3ツ星ホテル	130
ホテル・スクワー・ルーヴォワ	4ツ星ホテル	131

曜日別営業・定休日一覧　土曜日 SAMEDI　　■ 定休日　★ 夜間オープン

見る │ VOIR

ヴェール・ガラン公園	公園	023
クレミュー通り	散策スポット	024
モン・スニ通りの階段	散策スポット	026
サクレ・クール寺院	教会	027
沈む家	散策スポット	027
アンドレ・シトロエン公園の気球	アトラクション	028
モンマルトル美術館	美術館	030
パレ・ロワイヤル	散策スポット	032
奇跡のメダイの聖母の聖堂	教会	033
イヴ・サンローラン美術館	美術館	034
ラトリエ・デ・リュミエール ★	美術館	036
ジャコメッティ美術館	美術館	038
パリ市庁舎の特設展	美術館	039
マルモッタン美術館	美術館	040
バスティーユ市場	マルシェ	042
モンジュ市場	マルシェ	043
アンファン・ルージュ屋内市場	マルシェ	043
ギャルリー・ヴィヴィエンヌ	パッサージュ	044
95番バス	散策スポット	046
エッフェル塔	観光スポット	048
凱旋門	観光スポット	048
オペラ・ガルニエ	劇場	048
ルーヴル美術館	美術館	048
オルセー美術館	美術館	048
オランジュリー美術館	美術館	048
装飾芸術美術館	美術館	049
ピカソ美術館	美術館	049
ロダン美術館	美術館	049
ポンピドゥー・センター	美術館	049
ノートル・ダム大聖堂	大聖堂	049
サント・シャペル	礼拝堂	049
クリュニー中世美術館	美術館	050
グラン・パレ美術館	美術館	050
パリ市立美術館（プチ・パレ）	美術館	050
ギュスターヴ・モロー国立美術館	美術館	050
ジャックマール・アンドレ美術館	美術館	050
建築・遺産博物館	博物館	050
ルイ・ヴィトン財団美術館	美術館	051
ロマン派美術館	美術館	051
クリニャンクールの蚤の市	蚤の市	051
ヴァンヴの蚤の市	蚤の市	051
バトー・ムッシュ	クルーズ	051
カノラマ・クルーズ	クルーズ	051

食べる │ MANGER

キャピテーヌ	フレンチレストラン	053
カイユボット	フレンチレストラン	054
ジュディ	オーガニックカフェ／レストラン	056
コリュス	フレンチレストラン	057
ラレ・ルトゥール	フレンチレストラン	058
ラ・マンジュリー	フレンチレストラン	060
ボノミー	レストラン／カフェ／バー	062
イールズ	フレンチレストラン	064
オティウム	オーガニックカフェ	065
マルセル	カフェ／レストラン	066
パパ・サピエンス	エピスリー／レストラン	068
プランタン・デュ・グー	エピスリー／レストラン／カフェ	070
シャンベラン	パン	072
ベイユヴェール	チーズ	073
ユトピー	パン／パティスリー	074
ボナ	チョコレート	076
フランソワ・プラリュ	チョコレート	077
キャラメル	パティスリー／サロン・ド・テ	078
ユヌ・グラス・ア・パリ	アイスクリーム／サロン・ド・テ	080
キャトルヴァン・シス・シャン	パティスリー／サロン・ド・テ／コスメ	081
ヤン・クヴルー	パティスリー／サロン・ド・テ	082
ラ・パティスリー・デュ・ムーリス・パー・セドリック・グロレ	パティスリー	084

ラ・グット・ドール	パティスリー	085
ラ・グランド・エピスリー・ドゥ・パリ	食品館	086
ギャラリー・ラファイエット メゾン／グルメ	食品館	086
ラ・メゾン・プリソン	エピスリー／カフェ／パン	086
パトリック・ロジェ	チョコレート	086
ジャック・ジュナン	チョコレート／サロン・ド・テ	086
ベルティヨン	アイスクリーム／サロン・ド・テ	086
ルモワン	カヌレ	087
デュ・パン・エ・デ・ジデ	パン	087
メール	ワッフル	087
ジル・マルシャル	パティスリー	087
ラ・シャンブル・オ・コンフィチュール	ジャム	087
ア・レトワール・ドール	お菓子のセレクトショップ	087

買う｜ACHETER

ブルジーヌ	レディス	091
アパルトマン・セザンヌ	レディス／バッグ／靴	092
ポレーヌ	バッグ	094
アンヌ・トマ	アクセサリー／靴	096
スール	レディス	097
マコン・エ・レスコア	アクセサリー	098
レクセプション	セレクトショップ	100
タミー・アンド・ベンジャミン	バッグ	101
ブリジット・タナカ	アクセサリー／雑貨	102
イゼ	ランジェリー	104
ミミラムール	アクセサリー	105
レオン・アンド・ハーパー	レディス	106
アルシーヴ・ディズュイット・ヴァン	メンズセレクトショップ／カフェ	107
ポルゴ・デレ・トヴァリエ	雑貨／レストラン	108

アンプラント	雑貨／アクセサリー／カフェ	110
ポンポン・バザール	雑貨	111
アントワネット・ポワソン	紙もの	112
ビュリー	コスメ／カフェ／ギャラリー	114
ケルゾン	キャンドル／雑貨	116
マリウス・ファーブル	マルセイユ石けん	117
ラ・ムエット・リューズ	本／雑貨／カフェ／ギャラリー	118
ミュスカンヌ	雑貨	120
メゾン・サラ・ラヴォワンヌ	インテリア／雑貨／カフェ	121
フラグランス	フラワーショップ／カフェ	122
メルシー	コンセプトストア	124
シティファルマ	ドラッグストア	124
モノプリ	スーパー	124
ギャラリー・ラファイエット	デパート	124
プランタン	デパート	124
ボン・マルシェ	デパート	124
フォーラム・デ・アール	ショッピングモール	125
デ・プチ・オ	レディス	125
レ・フルール	雑貨／インテリア	125
ラ・トレゾルリー	雑貨／インテリア／カフェ	125
オ・プチ・ボヌール・ラ・シャンス	アンティーク雑貨	125
アスティエ・ドゥ・ヴィラット	食器／雑貨	125

泊まる｜DORMIR

ホテル・アンリエット	3ツ星ホテル	126
ホテル・ナショナル・デ・ザール・ゼ・メチエ	4ツ星ホテル	128
ホテル・ビアンヴニュ	3ツ星ホテル	130
ホテル・スクワー・ルーヴォワ	4ツ星ホテル	131

曜日別営業・定休日一覧　　日曜日 DIMANCHE　　□ 定休日　★ 夜間オープン

見る｜VOIR

ヴェール・ガラン公園	公園	023
クレミュー通り	散策スポット	024
モン・スニ通りの階段	散策スポット	026
サクレ・クール寺院	教会	027
沈む家	散策スポット	027
アンドレ・シトロエン公園の気球	アトラクション	028
モンマルトル美術館	美術館	030
パレ・ロワイヤル	散策スポット	032
奇跡のメダイの聖母の聖堂	教会	033
イヴ・サンローラン美術館	美術館	034
ラトリエ・デ・リュミエール	美術館	036
ジャコメッティ美術館	美術館	038
パリ市庁舎の特設展	美術館	039
マルモッタン美術館	美術館	040
バスティーユ市場	マルシェ	042
モンジュ市場	マルシェ	043
アンファン・ルージュ屋内市場	マルシェ	043
ギャルリー・ヴィヴィエンヌ	パッサージュ	044
95番バス	散策スポット	046
エッフェル塔	観光スポット	048
凱旋門	観光スポット	048
オペラ・ガルニエ	劇場	048
ルーヴル美術館	美術館	048
オルセー美術館	美術館	048
オランジュリー美術館	美術館	048
装飾芸術美術館	美術館	049
ピカソ美術館	美術館	049
ロダン美術館	美術館	049
ポンピドゥー・センター	美術館	049
ノートル・ダム大聖堂	大聖堂	049
サント・シャペル	礼拝堂	049
クリュニー中世美術館	美術館	050
グラン・パレ美術館	美術館	050
パリ市立美術館（プチ・パレ）	美術館	050
ギュスターヴ・モロー国立美術館	美術館	050
ジャックマール・アンドレ美術館	美術館	050
建築・遺産博物館	博物館	050
ルイ・ヴィトン財団美術館	美術館	051
ロマン派美術館	美術館	051
クリニャンクールの蚤の市	蚤の市	051
ヴァンヴの蚤の市	蚤の市	051
バトー・ムッシュ	クルーズ	051
カノラマ・クルーズ	クルーズ	051

食べる｜MANGER

キャピテーヌ	フレンチレストラン	053
カイユボット	フレンチレストラン	054
ジュディ	オーガニックカフェ／レストラン	056
コリュス	フレンチレストラン	057
ラレ・ルトゥール	フレンチレストラン	058
ラ・マンジュリー	フレンチレストラン	060
ボノミー	レストラン／カフェ／バー	062
イールズ	フレンチレストラン	064
オティウム	オーガニックカフェ	065
マルセル	カフェ／レストラン	066
パパ・サピエンス	エピスリー／レストラン	068
プランタン・デュ・グー	エピスリー／レストラン／カフェ	070
シャンベラン	パン	072
ベイユヴェール	チーズ	073
ユトピー	パン／パティスリー	074
ボナ	チョコレート	076
フランソワ・プラリュ	チョコレート	077
キャラメル	パティスリー／サロン・ド・テ	078
ユヌ・グラス・ア・パリ	アイスクリーム／サロン・ド・テ	080
キャトルヴァン・シス・シャン	パティスリー／サロン・ド・テ／コスメ	081
ヤン・クヴルー	パティスリー／サロン・ド・テ	082
ラ・パティスリー・デュ・ムーリス・バー・セドリック・グロレ	パティスリー	084

ラ・グット・ドール	パティスリー	085
ラ・グランド・エピスリー・ドゥ・パリ	食品館	086
ギャラリー・ラファイエット メゾン／グルメ	食品館	086
ラ・メゾン・プリゾン	エピスリー／カフェ／パン	086
パトリック・ロジェ	チョコレート	086
ジャック・ジュナン	チョコレート／サロン・ド・テ	086
ベルティヨン	アイスクリーム／サロン・ド・テ	086
ルモワン	カヌレ	087
デュ・パン・エ・デ・ジデ	パン	087
メール	ワッフル	087
ジル・マルシャル	パティスリー	087
ラ・シャンブル・オ・コンフィチュール	ジャム	087
ア・レトワール・ドール	お菓子のセレクトショップ	087

買う │ ACHETER

ブルジーヌ	レディス	091
アパルトマン・セザンヌ	レディス／バッグ／靴	092
ポレーヌ	バッグ	094
アンヌ・トマ	アクセサリー／靴	096
スール	レディス	097
マコン・エ・レスコア	アクセサリー	098
レクセプション	セレクトショップ	100
タミー・アンド・ベンジャミン	バッグ	101
ブリジット・タナカ	アクセサリー／雑貨	102
イゼ	ランジェリー	104
ミミラムール	アクセサリー	105
レオン・アンド・ハーパー	レディス	106
アルシーヴ・ディズュイット・ヴァン	メンズセレクトショップ／カフェ	107
ボルゴ・デレ・トヴァリエ	雑貨／レストラン	108

アンプラント	雑貨／アクセサリー／カフェ	110
ポンポン・バザール	雑貨	111
アントワネット・ポワソン	紙もの	112
ビュリー	コスメ／カフェ／ギャラリー	114
ケルゾン	キャンドル／雑貨	116
マリウス・ファーブル	マルセイユ石けん	117
ラ・ムエット・リウーズ	本／雑貨／カフェ／ギャラリー	118
ミュスカンヌ	雑貨	120
メゾン・サラ・ラヴォワンヌ	インテリア／雑貨／カフェ	121
フラグランス	フラワーショップ／カフェ	122
メルシー	コンセプトストア	124
シティファルマ	ドラッグストア	124
モノプリ	スーパー	124
ギャラリー・ラファイエット	デパート	124
プランタン	デパート	124
ボン・マルシェ	デパート	124
フォーラム・デ・アール	ショッピングモール	125
デ・プチ・オ	レディス	125
レ・フルール	雑貨／インテリア	125
ラ・トレゾルリー	雑貨／インテリア／カフェ	125
オ・プチ・ボヌール・ラ・シャンス	アンティーク雑貨	125
アスティエ・ドゥ・ヴィラット	食器／雑貨	125

泊まる │ DORMIR

ホテル・アンリエット	3ツ星ホテル	126
ホテル・ナショナル・デ・ザール・ゼ・メチエ	4ツ星ホテル	128
ホテル・ビアンヴニュ	3ツ星ホテル	130
ホテル・スクワー・ルーヴォワ	4ツ星ホテル	131

155

50音順INDEX

見る

あ	アンドレ・シトロエン公園の気球	アトラクション	その他	028
	アンファン・ルージュ屋内市場	マルシェ	マレ	043
	イヴ・サンローラン美術館	美術館	シャンゼリゼ	034
	ヴァンヴの蚤の市	蚤の市	その他	051
	ヴェール・ガラン公園	公園	シテ島	023
	エッフェル塔	観光スポット	エッフェル塔	048
	オペラ・ガルニエ	劇場	オペラ	048
	オランジュリー美術館	美術館	オペラ	048
	オルセー美術館	美術館	サンジェルマン・デプレ	048
か	凱旋門	観光スポット	シャンゼリゼ	048
	カノラマ・クルーズ	クルーズ	バスティーユ	051
	奇跡のメダイの聖母の聖堂	教会	サンジェルマン・デプレ	033
	ギャラリー・ヴィヴィエンヌ	パッサージュ	オペラ	044
	95番バス	散策スポット	―	046
	ギュスターヴ・モロー国立美術館	美術館	モンマルトル	050
	グラン・パレ美術館	美術館	シャンゼリゼ	050
	クリニャンクールの蚤の市	蚤の市	その他	051
	クリュニー中世美術館	美術館	サンジェルマン・デプレ	050
	クレミュー通り	散策スポット	リヨン駅	024
	建築・遺産博物館	博物館	エッフェル塔	050
さ	サクレ・クール寺院	教会	モンマルトル	027
	サント・シャペル	礼拝堂	シテ島	049
	沈む家	散策スポット	モンマルトル	027
	ジャコメッティ美術館	美術館	その他	038
	ジャックマール・アンドレ美術館	美術館	シャンゼリゼ	050
	装飾芸術美術館	美術館	オペラ	049
な	ノートル・ダム大聖堂	大聖堂	シテ島	049
は	バスティーユ市場	マルシェ	バスティーユ	042
	バトー・ムッシュ	クルーズ	シャンゼリゼ	051
	パリ市庁舎の特設展	美術館	マレ	039
	パリ市立美術館（プチ・パレ）	美術館	シャンゼリゼ	050
	パレ・ロワイヤル	散策スポット	オペラ	032
	ピカソ美術館	美術館	マレ	049
	ポンピドゥー・センター	美術館	レ・アール	049
ま	マルモッタン美術館	美術館	その他	040
	モンジュ市場	マルシェ	カルチエ・ラタン	043
	モン・スニ通りの階段	散策スポット	モンマルトル	026
	モンマルトル美術館	美術館	モンマルトル	030
ら	ラトリエ・デ・リュミエール	美術館	オベルカンフ	036
	ルイ・ヴィトン財団美術館	美術館	その他	051
	ルーヴル美術館	美術館	オペラ	048
	ロダン美術館	美術館	エッフェル塔	049
	ロマン派美術館	美術館	モンマルトル	051

食べる ｜ レストラン／カフェ

あ	イールズ	フレンチレストラン	オペラ	064
	オティウム	オーガニックカフェ	モンマルトル	065
か	カイユボット	フレンチレストラン	モンマルトル	054
	キャビテーヌ	フレンチレストラン	マレ	053
	コリュス	フレンチレストラン	マレ	057
さ	ジュディ	オーガニックカフェ／レストラン	サンジェルマン・デプレ	056
は	パパ・サピエンス	エピスリー／レストラン	オペラ	068
	プランタン・デュ・グー	エピスリー／レストラン／カフェ	オペラ	070
	ボノミー	レストラン／カフェ／バー	オペラ	062
ま	マルセル	カフェ／レストラン	オペラ	066
ら	ラ・マンジュリー	フレンチレストラン	マレ	060
	ラレ・ルトゥール	フレンチレストラン	マレ	058

食べる ｜ お菓子／パン／グルメ

あ	ア・レトワール・ドール	お菓子のセレクトショップ	モンマルトル	087
か	キャトルヴァン・シス・シャン	パティスリー／サロン・ド・テ／コスメ	シャンゼリゼ	081
	キャラメル	パティスリー／サロン・ド・テ	エッフェル塔	078
	ギャラリー・ラファイエット メゾン／グルメ	食品館	オペラ	086
さ	ジャック・ジュナン	チョコレート／サロン・ド・テ	マレ	086
	シャンベラン	パン	オベルカンフ	072
	ジル・マルシャル	パティスリー	モンマルトル	087
た	デュ・パン・エ・デ・ジデ	パン	レピュブリック	087
は	パトリック・ロジェ	チョコレート	サンジェルマン・デプレ	086
	フランソワ・プラリュ	チョコレート	サンジェルマン・デプレ	077
	ベイユヴェール	チーズ	モンマルトル	073
	ベルティヨン	アイスクリーム／サロン・ド・テ	サン・ルイ島	086
	ボナ	チョコレート	シャンゼリゼ	076
ま	メール	ワッフル	マレ	087
や	ヤン・クヴルー	パティスリー／サロン・ド・テ	マレ	082
	ユトピー	パン／パティスリー	オベルカンフ	074
	ユヌ・グラス・ア・パリ	アイスクリーム／サロン・ド・テ	マレ	080
ら	ラ・グット・ドール	パティスリー	モンマルトル	085
	ラ・グランド・エピスリー・ドゥ・パリ	食品館	サンジェルマン・デプレ	086
	ラ・シャンブル・オ・コンフィチュール	ジャム	モンマルトル	087
	ラ・パティスリー・デュ・ムーリス・パー・セドリック・グロレ	パティスリー	オペラ	084
	ラ・メゾン・プリソン	エピスリー／カフェ／パン	マレ	086
	ルモワン	カヌレ	エッフェル塔	087

買う | ファッション

あ	アパルトマン・セザンヌ	レディス／バッグ／靴	オペラ	092
	アルシーヴ・ディズュイット・ヴァン	メンズセレクトショップ／カフェ	マレ	107
	アンヌ・トマ	アクセサリー／靴	マレ	096
	イゼ	ランジェリー	マレ	104
か	ギャラリー・ラファイエット	デパート	オペラ	124
さ	スール	レディス	サンジェルマン・デプレ	097
た	タミー・アンド・ベンジャミン	バッグ	マレ	101
	デ・プチ・オ	レディス	レピュブリック	125
は	フォーラム・デ・アール	ショッピングモール	レ・アール	125
	プランタン	デパート	オペラ	124
	ブリジット・タナカ	アクセサリー／雑貨	オペラ	102
	プルジーヌ	レディス	サンジェルマン・デプレ	091
	ポレーヌ	バッグ	バスティーユ	094
	ボン・マルシェ	デパート	サンジェルマン・デプレ	124
ま	マコン・エ・レスコア	アクセサリー	レピュブリック	098
	ミミラムール	アクセサリー	サン・マルタン運河	105
	メルシー	コンセプトストア	マレ	124
	レオン・アンド・ハーバー	レディス	マレ	106
	レクセプション	セレクトショップ	オペラ	100

買う | 雑貨／インテリア

あ	アスティエ・ドゥ・ヴィラット	食器／雑貨	オペラ	125
	アントワネット・ポワソン	紙もの	バスティーユ	112
	アンプラント	雑貨／アクセサリー／カフェ	マレ	110
	オ・プチ・ボヌール・ラ・シャンス	アンティーク雑貨	マレ	125
か	ケルゾン	キャンドル／雑貨	マレ	116
さ	シティファルマ	ドラッグストア	サンジェルマン・デプレ	124
は	ビュリー	コスメ／カフェ／ギャラリー	マレ	114
	フラグランス	フラワーショップ／カフェ	マレ	122
	ボルゴ・デレ・トヴァリエ	雑貨／レストラン	オベルカンフ	108
	ポンポン・バザール	雑貨	レピュブリック	111
ま	マリウス・ファーブル	マルセイユ石けん	マレ	117
	ミュスカンヌ	雑貨	マレ	120
	メゾン・サラ・ラヴォワンヌ	インテリア／雑貨／カフェ	オペラ	121
	モノプリ	スーパー	オペラ	124
ら	ラ・トレゾルリー	雑貨／インテリア／カフェ	レピュブリック	125
	ラ・ムエット・リヴーズ	本／雑貨／カフェ／ギャラリー	マレ	118
	レ・フルール	雑貨／インテリア	マレ	125

泊まる

は	ホテル・アンリエット	3ツ星ホテル	カルチエ・ラタン	126
	ホテル・スクワール・ルーヴォワ	4ツ星ホテル	オペラ	131
	ホテル・ナショナル・デ・ザール・ゼ・メチエ	4ツ星ホテル	マレ	128
	ホテル・ビアンヴニュ	3ツ星ホテル	モンマルトル	130

Postface　　[おわりに]

『曜日別パリ案内』を最後までお読みいただきありがとうございます。
曜日と行きたいスポットを組み合わせながら、
パリをめぐるあなたの姿をイメージしていただけたでしょうか？

ここ数年でパリのお店の営業スタイルもずいぶんと変化し、
最新の曜日感覚を身に付けておくことの大切さを、
今回の取材を終えて、私たち自身も実感しました。
ぼんやりとでも良いので、パリの曜日感覚を頭に入れておけば、
きっと今までよりもスムーズに、
より感覚的に無駄のない計画を立てられると思います。
この1冊とともに、お仕着せのパリ観光とは違う
「暮らすように旅するパリ」を体験していただけたら嬉しいです。

パリのワクワク感を読みやすいレイアウトで伝えてくださった
デザイナーの川村哲司さん、長谷川圭介さん、
すべての地図を丁寧に手がけてくださった山本眞奈美さん、
パリらしいイラストで表紙をかわいく飾ってくださった
シーズン・ペーパー・コレクションのおふたり、
そして私たちの声に耳を傾け、フランスへの愛を一緒にかたちにしてくださった
パイ インターナショナルの長谷川卓美さんに、
この場を借りて心から感謝いたします。

Mille mercis à tous les magasins et restaurants
qui nous ont chaleureusement accueillies.
Un grand merci également à Mélissa et Julie
de Season Paper Collection de nous avoir permis
d'utiliser leur joli motif sur la couverture de ce livre.

2018年11月 パリにて
トリコロル・パリ 荻野雅代・桜井道子

PROFILE

荻野雅代

新潟県生まれ。高校時代からフランス映画と音楽をこよなく愛し、02年に念願の渡仏。ヌーベルバーグからフレンチポップス、さらにはゴシップにも精通するフランス人もびっくりのマニアぶり。好きなパリの曜日は金曜日。翌日お休みモードのワクワクした空気が流れ、バーやレストランでくつろぐパリジャンたちの姿がいかにもパリらしい。

桜井道子

京都府生まれ。96年の語学留学をきっかけにフランスにはまり、00年からパリ在住。仕事柄、そしてプライベートでもパリの街歩きが大好きで、週末ともなればまだ知らないカルチエを求めてパリのいたるところに出没。好きなパリの曜日は水曜日。午後は学校がお休みなので、街を歩く小さなパリジャンたちのほほえましい光景を眺められる。

TRICOLOR PARIS
トリコロル・パリ

www.tricolorparis.com

トリコロル・パリの本で紹介した店舗の
最新情報はこちら
www.tricolorparis.com/livres

facebook.com/tricolorparis
twitter.com/tricolorparis
instagram.com/tricolorparis

フランス在住の日本人ふたり組（荻野雅代・桜井道子）が2010年に立ち上げたパリとフランスの情報サイト。おすすめブティックやレストラン、イベントなどの観光情報はもちろん、フランスのニュース、パリの天気を毎日の服装で伝える「お天気カレンダー」など、独自の目線でフランスの素顔をお届けしている。著書に『パリでしたい100のこと〜大好きな街を暮らすように楽しむ旅〜』（自由国民社）、『テーマで選べる かんたん1日パリめぐり』『パリが楽しくなる！ かんたんフランス語』（ともにパイ インターナショナル）などがある。

曜日別パリ案内

2018年11月15日　初版第1刷発行
2019年11月10日　　　 第2刷発行

［著者］
荻野雅代　Masayo Ogino Chéreau
桜井道子　Michiko Sakurai Charpentier

［撮影］
荻野雅代　Masayo Ogino Chéreau

［カバー・表紙・扉イラスト］
Season Paper Collection
www.seasonpapercollection.com

AD　　　　川村哲司 (atmosphere ltd.)
デザイン　長谷川圭介、吉田香織 (atmosphere ltd.)
地図制作　山本眞奈美 (DIG.Factory)
DTP　　　石川真澄
校正　　　広瀬 泉
編集　　　長谷川卓美

Tous nos remerciements à
Franck, Hugo & Louis Charpentier
Valère, Emeric & Edith Chéreau
Nadine Godefleau

発行人　　三芳寛要
発行元　　株式会社パイ インターナショナル
　　　　　〒170-0005　東京都豊島区南大塚2-32-4
　　　　　TEL 03-3944-3981　FAX 03-5395-4830
　　　　　sales@pie.co.jp

印刷・製本　図書印刷株式会社

©2018 Masayo Ogino / Michiko Sakurai / PIE International
ISBN978-4-7562-5125-1 C0026
Printed in Japan

本書の収録内容の無断転載・複写・複製等を禁じます。
ご注文、乱丁・落丁本の交換等に関するお問い合わせは、
小社までご連絡ください。